河南省教育科学规划"十三五"规划教育装备和实践教育专项课题《综合实践活动创客空间研究》
（课题批准号〔2018〕–JKGHZBSYZX–005）

走进研究性学习

孟天义 □ 主　编

张红勋　黄玉杰 □ 副主编

中国国际广播出版社

图书在版编目（CIP）数据

走进研究性学习 / 孟天义主编 . -- 北京：中国国际广播出版社，2021.6

ISBN 978-7-5078-4920-2

Ⅰ.①走… Ⅱ.①孟… Ⅲ.①中小学—教学研究—文集 Ⅳ.① G 632.0-53

中国版本图书馆 CIP 数据核字（2021）第 106702 号

走进研究性学习

编　　者	孟天义	
责任编辑	张娟平	
校　　对	李美清	
装帧设计	文人雅士	

出版发行	中国国际广播出版社有限公司 ［010-89508207（传真）］
社　　址	北京市丰台区榴乡路 88 号石榴中心 2 号楼 1701
	邮编：100079
印　　刷	廊坊市海涛印刷有限公司

开　　本	710×1000　1/16
字　　数	223 千字
印　　张	14.25
版　　次	2022 年 6 月 北京第一版
印　　次	2022 年 6 月 第一次印刷
定　　价	68.00 元

序　言 ■

在当今这个信息化社会中，知识本身的获得已经不是最重要的了，重要的是如何去获得知识，如何在知识的获取过程中开发你的各种潜能，以及如何用所学到的知识去解决面临的各种各样的问题。所以，你必须学会一种新的思维方法和学习方法——研究性学习。

什么是研究性学习？为什么要进行研究性学习？怎么样学会研究性学习？本书将为每一位学生搭建一个掌握研究性学习的学习平台。

从概念上说，研究性学习以学生的自主性、探索性学习为基础，从学习生活和社会生活中选择和确定研究专题，主要以个人或小组合作的方式进行。学生通过亲身实践获取直接经验，养成科学精神和科学态度，掌握基本科学方法，提高综合运用所学知识解决实际问题的能力，如发现问题、提出问题、判断问题和解决问题的能力，还可增强社会交往能力和团队精神。在研究性学习中，教师是组织者、参与者和指导者。

我们要进行的研究性学习究竟是怎么一回事呢？首先让我们来看一则真实的故事：

20世纪后期，随着我国对外开放步伐的加快，中国与世界各国的文化教育交流也日益活跃起来。一次我方某一专家代表团出访德国，按计划去参观一所中学，不料却被该学校的校长婉拒，理由是学校停课一周进行学期课题的结题。这反而引发了我方代表团的好奇。据了解，在这所中学，每学期都有学生和教师讨论的全校性课题，学生可以就此做成各种小课题，分小组研究、写报告，并完成最终的展示。这学期该校的全校性课题是：世界的孩子。

代表团的专家们随意走进一间高一教室，几个孩子正在写写画画，他们的研究课题是"世界孩子的权利"。见有中国客人来访，他们大方地向客人请教：中国的学生讨论过这个问题吗？随行的一位中学校长说："我们讨论过并总结出孩子有十大权利，其中就有孩子有犯错误的权利。"他的回答立即博得孩子们的掌声。

类似的新型学习方式通过交流、媒体不断传入我国。与此同时，中小学活动课在国家新课程计划颁布后蓬勃开展，创造了丰富的经验，获得了显著的成果。这种以活动为主要形式的学习方式受到了广大中小学生的欢迎。那么，相对于我们传统的学习观念，研究性学习作为一门新课程究竟"新"在哪里呢？

大凡已经进入高中的学生，绝大部分已经顺应了学校的学习生活，形成了接受式学习的惯性。

首先，你不必考虑"学什么"。每当新学期开始的时候，各科新书就会及时送到你的手中。书本就是要学的东西，难道还有什么可怀疑的吗？正因为我们（当然包括我们的父母和相当数量的教师）只关心那些大家都必须学的东西，因此，很多学生不得不割舍自己的兴趣，任个性特长、潜质潜能消磨殆尽。

其次，你也不必操心在什么地方跟谁学。学校、教室、课桌就是学习的战场。方寸之地，常常是"两耳不闻窗外事，一心只读圣贤书"。古训说："师者，所以传道授业解惑也。"老师先生于我，必先学于我，凡事依靠老师，凡疑只问老师是十分正常的现象。既然我们将自己封闭，那么只好远离火热的生活和社会，任眼界日趋狭窄，实践能力难以形成。

当然，也没有太大的空间让你去思考"怎么学"。自打背起书包上小学起，学习的程序就被固定下来。上课、听讲、回答问题、做作业、考试……优秀学生不断介绍"怎么听""怎么练"的经验，老师天天练习"怎么讲""怎么考"的基本功。知识发生的艰辛过程、科学探索的曲折经历原本已被教材浓缩为简洁的定义原理，再加上做习题而带来多年"应试经验"的思维过程，全都变成了两点间的直线。既然我们只愿意吃别人嚼过的馍，那就不能品尝探索和发现的快乐。

最终，你也没有权利决定"学到什么程度"。标准是统一的，考试的分数就是学习程度和水平的绝对代表，别人学习成绩的高低就是衡量自己的唯一参数。为此，你不得不去多做几遍不知来源于什么需要的习题，多答几份不知来自什么地方的试卷。既然我们把学习的缰绳放给分数去把握，那就只能失去对学习价值的选择权。

以上就是同学们目前学习方式的粗描。当然，这并不说明接受式学习就没有存在的必要，而是说接受式学习自身需要改革，同时还需要有新的学习方式来完善补充。与同学们熟悉的学习方式相比，研究性学习更注重过程，对同学们提出了完全不同的要求，那就是：

在研究性学习中"学什么"要由你自己选择；

在研究性学习中"怎么学"要由同学们自己设计；

在研究性学习中"学到什么程度"要由同学们自己做出预测和判定。

目 录
CONTENTS

第一篇　研究性学习理论知识

第二篇　学生研究成果展示

第一篇

研究性学习理论知识

YANJIUXING XUEXI LILUN ZHISHI

什么是研究性学习

第一节　研究性学习的内容

　　研究性学习是指学生基于自身兴趣，在教师指导下，从自然、社会和自身生活中选择和确定研究专题，通过文献研究、社会调查、科学实验、数据分析、撰写报告等方式进行研究，主动地获取知识、应用知识、解决问题，并在这个过程中习得科学研究方法的学习活动。

　　研究性学习的内容分别来源于自然、社会、自我三大领域。其内容一般有：

　　人与自然。如环境保护、生态建设、能源利用、农作物改良、生物多样性保护、自然资源保护与开发利用、天文地理研究等。

　　人与社会。如社会关系研究、企业发展研究、社区管理、社会心理、人口研究、城市规划、交通建设、法制建设、政治制度、社会经济发展、宗教研究、贸易与市场研究、乡土文化与民俗文化研究、历史遗迹研究、名人思想与文化研究、传统道德研究、传统文化与现代文明研究、东西方文化比较研究、民间文学、艺术研究、影视文化研究、大众传媒研究等。

　　人与自我。如中学生生理与心理问题研究、中学生行为方式研究、学生社团研究、学生群体关系研究、学生消费研究、学校制度与学生成长关系研究、班级制度与校园文化研究、社会适应研究等。

第二节　研究性学习的特点

　　研究性学习的第一个特点是开放性。研究性学习的内容不是特定的知识体系，而是来源于同学们自己的学习生活和社会生活，立足于研究解决同学们关注的一些社会问题或自然科学问题；涉及的范围很广。它可能是某学科的，也可能是多学科综合交叉的；可能偏重于实践方面，也可能偏重于理论研究方面。在同一主题下，由于个人兴趣、经验及研究活动的需要不同，研究视角的确定、研究目标的定位、切入口的选择、研究过程的设计、研究方法手段的运用以及结果的表达等可以各不相同，具有很大的灵活性，为同学们的"学"提供了广阔的空间，从而形成开放的学习过程。

研究性学习的第二个特点是探究性。在研究性学习过程中，学习的内容是在老师指导下，同学们自主确定的研究问题。学习的方式不再是被动地记忆、理解老师传授的知识，而是敏锐地发现问题，主动地提出问题，积极地寻求解决问题的方法，最终探求出关于问题的认识结论或解决方法。

研究性学习的第三个特点是实践性。研究性学习强调要引导同学们关注现实生活，特别要关注环境问题、现代科技对当代生活的影响，以及与社会发展密切相关的重大问题。强调同学们要将学得的理论知识应用于社会和科学发展的实际需要。引导同学们转变只靠"听""说""练"学习知识的方式，促进同学们积极参与到各项活动中，亲身经历，在"做""考察""实验""探究""体验""创作"等实践活动中感受生活、发现知识、增长能力。

1.在研究性学习中"学什么"要由学生自己选择

研究性学习没有统一的教材，而是以同学们提出的问题为中心展开。即使学校或班级提出一个研究主题，从这个主题派生出来的问题也是要靠同学们自己去思考选择的。凡是你看到的、听到的、想到的所有感兴趣的未知问题都可以作为研究性学习的内容。

比如，有个同学特别爱看动画片，就在他观看动画片的过程中发现，许多孩子总是挑选外国的动画片看，这究竟是为什么呢？于是他为自己选定了一个研究性学习的题目"《宝莲灯》比不过《狮子王》？"，副标题是"中外动画片比较"。

再如，为了提高同学们爱护水资源的意识，某校设立了研究性学习的主题"水"。结果，同学们从不同角度提出了各种各样的问题作为自己的研究内容：

"水资源现状""水资源污染""水与生命""城市居民节水意识与习惯""学校中的节水教育""节水马桶的研制""主要水源的水质分析""水的循环使用""海水淡化"等等。

2.在研究性学习中"怎么学"要由学生自己设计

由于研究性学习的内容丰富多彩，问题各不相同，所以研究问题、解决问题的途径、步骤、方法也就不可能统一步调整齐划一。与同学们熟悉的课堂学习方式相比，研究性学习的整个过程处于开放状态，真是"海阔凭鱼跃，天高任鸟飞"。

在空间上，研究性学习已不可能只局限于课堂和学校。研究政治、历史、军事、科学等问题，同学们需要跑书店、进图书馆；研究商业问题，同学们得跑商店、商场；研究环境问题，同学们可能得实地考察或采集样本；研究农业问题，则需要下农村进大棚……

在时间上，完成一项研究性学习任务大体需要经历三个阶段：

（1）进入问题情境阶段

本阶段要求师生共同创设一定的问题情境，一般可以开设讲座、组织参观访问等。目的在于做好背景知识的铺垫，调动学生原有的知识和经验。然后经过讨论，提出核心问题，诱发学生探究的动机。在此基础上确定研究范围或研究题目。

同时，教师应帮助学生通过搜集相关资料，了解有关研究题目的知识。该题目中隐含的争议性问题，可使学生从多个角度认识、分析。在此基础上，学生可以建立研究小组，共同讨论和确定具体的研究方案，包括确定合适的研究方法、如何收集可能获得的信息、准备调查研究所要求的技能、可能采取的行动和可能得到的结果。在此过程中，学生要反思所确定的研究问题是否合适，是否需要改变课题。

（2）具体实施阶段

在确定需要研究解决的问题以后，学生要进入具体解决问题的过程，通过实践、体验，形成一定的观念、态度，掌握一定的方法。

本阶段，实践、体验的内容包括：①搜集和分析信息资料。学生应了解和学习收集资料的方法，掌握访谈、上网、查阅书刊杂志、问卷等获取资料的方式，并选择有效的方式获取所需要的信息资料；要学会判断信息资料的真伪、优劣，识别对本课题研究具有重要关联的有价值的资料，淘汰边缘资料；学会有条理、有逻辑地整理与归纳资料，发现信息资料间的关联和趋势；最后综合整理信息进行判断，得出相应的结论。这时要反思所得结论是否充分地回答了要研究的问题，是否有必要采取其他方法获取证据以支持所得结论。②调查研究。学生应根据个人或小组集体设计的研究方案，按照确定的研究方法，选择合适的地方进行调查，获取调查结果。在这一过程中，学生应如实记载调查中所获得的基本信息，形成记录实践过程的文字、音像、制作等多种形式。同时，要学会从各种调研结果、实验、信息资料中归纳出解决问题的重要思路或观点，并反思是否获得足以支持研究结论的证据，是否还存在其他解释的可能。③初步交流。学生通过收集资料、调查研究得到的初步研究成果在小组内或个人之间充分交流，学会认识客观事物，认真对待他人意见和建议，正确地认识自我，并逐步丰富个人的研究成果，培养科学精神与科学态度。

（3）表达交流阶段

在这一阶段，学生要将取得的收获进行归纳整理、总结提炼，形成书面材料和口头报告材料。成果的表达方式要多样化，除了按一定要求撰写实验报告、调查报告以外，还可以采取开辩论会、研讨会、搞展板、出墙报、编刊物（包括电子刊物）等方式，同时，还应要求学生以口头报告的方式向全班发表，或通过指导教师主持的答辩。

学生通过交流、研讨与同学们分享成果，这是研究性学习不可缺少的环节。在交流、研讨中，学生要学会欣赏和发现他人的优点，学会理解和宽容，学会客观地分析和辩证地思考，也要敢于和善于申辩。

3.在研究性学习中"学习到什么程度"要由学生自己做出预测和判定

一个研究性学习的周期以提出问题为起始，以解决问题为归宿。但是，人们对任何事物的认识不可能终止，对任何问题的解决也不会一劳永逸。所以，依据外界条件限定和内在基础能力，同学们对提出的问题到底解决到什么程度，只能根据自己的实际情况去订立一个合适的目标。

例如，有同学想对伟大领袖毛泽东进行研究，如果这个同学长期以来对军事方面有特殊的兴趣或关于中国军队的历史有一定的知识储备，那么他就可以将研究的目标定为收集毛泽东指挥的著名作战案例并分析毛泽东的军事思想和军事指挥才干。当然，同学们还可以从政治、思想、外交等不同角度去设立认识研究毛泽东的目标。如有能力的话，也可以将目标选定为综合性研究。在这里不存在"大目标"就好，"小目标"就差的问题，因为大有大的好处，可以全面、综合地研究问题，但小有小的意义，可以更深入地透析事物。关键是同学们要能动、自主、科学地给自己提出研究性学习的任务，设定达成的标准。

第三节　研究性学习的目标

研究性学习鼓励学生自主选择主动探究，但绝不意味着它是一门放任自流的课程。在研究性学习过程中，同学们如何判别自己和别人的学习成效，如何逐步深入理解开设研究性学习课程的必要性和重要性，从而更加自觉地参与研究性学习，提高研究性学习水平呢？为此，同学们就需要了解并掌握研究性学习的课程目标。

研究性学习的课程目标与一般的学科教学目标不相同。它更强调学生对所学知识技能的实际运用，而不仅是一般的理解和掌握；它更强调学生亲身的实践和体验，而不仅是通过课本和教师获取间接的知识；在知识与技能的运用中，在亲身实践中，使同学们的思想意识、情感意志、精神境界等各方面得到升华。

具体地说，同学们应关注如下几个方面：

第一，获得亲身参与研究探索的体验

亲身参与是研究性学习的第一要义。只有参与进去，才能体验出解决任何一个实际问题的不易，才能感受到书本上每一项知识的来之不易，才能体会克服困难、顽强进取的酸甜苦辣，才能品尝获得成功的无比喜悦。

第二，提高发现问题和解决问题的能力

在开放的环境中发现并提出问题是研究性学习的关键。提不出问题，就无从谈及设计解决问题的方案，也无从知道围绕什么主题收集分析资料信息，更无从着手总结提练研究的成果。俗话说"人生识字糊涂始"，讲的就是越是有学问、有思想、有能力的人，越善于发现问题、提出问题的道理。在中外科学史上，流传着不少由于在司空见惯的现象中发现别人不曾注意的细节、追问别人不曾怀疑的问题而引发有价值的科学发明的故事。正因为如此，研究性学习要求同学们在发现问题的过程中激活各科学习中的知识储存，在解决问题的过程中提高自己的综合实践能力。

第三，培养收集、分析和利用信息的能力

收集、分析和利用信息是贯穿于整个研究性学习全过程的活动主线。研究性学习最终的结论和成果不是凭空得出的，它需要加工的原料，这个原料就是各种信息。从这个角度来分析研究性学习可以有三个层次划分：第一个层次是能够熟练运用各种方法、工具获取所需要的信息；第二个层次是能够通过复杂的思维活动来分析处理信息；第三个层次是运用高超的智慧、综合的能力重新组织信息，从而获得解决问题的新意和创意。三个层次合在一起就是研究性学习要求同学们逐步形成的信息素养。

第四，学会分享与合作

学会与人交往合作，学会与人共同承担责任、共同分享快乐和成果是完成研究性学习任务的基本保证。即使选择的课题是采取独立研究的方式，同样离不开与人打交道，离不开别人的支持与帮助。合作交流的意识和能力是现代人必备的素质。研究性学习为同学们的人际沟通创设了广阔的空间，在开展研究活动过程中同学们要发扬团队精神，学会合作与分享。

第五，培养科学态度和科学道德

科学态度和科学道德是研究性学习追求的高尚人文精神。真理的追求需要脚踏实地，来不得半点虚假。在通向成功的崎岖道路上，只有不畏艰难才能到

达终点。 研究性学习虽不能与先辈们的上下求索和科学家们的创造历程相比，但同样需要同学们认真踏实地探究，实事求是地获得结论，尊重他人的想法和成果，养成严谨求实的科学态度和追求进取的精神，磨炼不怕吃苦、勇于克服困难的意志品质。

第六，培养对社会的责任心和使命感

增长促进社会进步和发展的才干是我们参与研究性学习的价值取向。 创新意识和实践能力只有与时代前进方向一致才能创造出有价值的成果。 原子能的知识和技术、现代网络的知识和技术、基因的知识和技术都能造福于社会又能危及社会，其关键就在于掌握它的人有无社会责任心。 在研究性学习过程中，同学们通过社会实践，要深入了解科学对于自然、社会和人类的意义和价值，学会关心国家和社会的进步，学会关注人类与环境的和谐发展，形成积极的人生观和人生态度。

第四节　研究性学习的实施类型

研究性学习致力于改变学生被动的学习方式，着力于培养发展学生的创新意识和实践能力。 因此，研究性学习的实施方式也必然会在学生与教师们的实践中不断完善和创新，呈现发展变化的态势。 从目前已经开展研究性学习的学校与地区的经验看，其实施类型可以做如下划分：

1.依据研究内容的不同，研究性学习的实施主要可以区分为两大类：课题研究类和项目（活动）设计类。

课题研究以认识和解决某一问题为主要目的，具体包括调查研究、实验研究、文献研究等类型。

项目（活动）设计以解决一个比较复杂的操作问题为主要目的，一般包括社会性活动的设计和科技类项目的设计两种类型。 前者如一次环境保护活动的策划，后者如某一设备、设施的制作、建设或改造的设计等。

一项专题的研究性学习活动，可以属于一种类型，也可以包括多种研究类型。 综合性较强的专题，往往涉及多方面的研究内容，需要运用多种研究方法

和手段，更需要参加者之间的分工协作。

2.依据研究性学习的组织形式划分，可以分为三种类型：小组合作研究、个人独立研究和学校、班级、小组联合研究。

个人独立承担研究题目并完成研究任务是一种比较灵活的方式，它可以充分照顾到个人的兴趣爱好与独特的研究视角，行动便利快捷，但缺点是力量单一，孤军作战，缺乏研究的支持力量和互补性。

学校、班级、小组联合研究是指在学校统一设立的主题下，班级承担下一层次的子课题；在班级子课题的主题下，小组再分解出下一层次子课题，实施大联合式的专题研究。例如某中学高中部的三个年级分别设立的主题是"人与社会""人与自然""人与自己"。高一某班在"人与社会"的主题下选立了"社会名人"的研究子课题，这个班级的某小组则选择"文学家——鲁迅"进行专题研究。这种研究方式的优点是联合攻关，对主题的研究广阔而全面。且经过不断的轮回研究，其成果会形成系统，提高研究成果的质量水平。这种方式的缺陷是对同学的个体有一定的限制性，很难照顾到个别需要。

小组合作式介于前两种研究组织形式之间，兼顾了上述两种组织形式的优点，是经常被学校和同学们选用的一种组织类型。在实践中，有的学校进一步将小组合作式发展成开放式和变式。

开放式是指研究题目由学生提出并自由组合成小组，各小组的研究题目互不重复。这种组织方式选题领域不受限制，适于发展学生兴趣特长；成果丰富多样，展示交流后成果共享，能够拓宽学生视野；选择面宽，学生与社会的沟通渠道多。

变式与开放式有一点不同，每一个研究题目至少有两个小组各自独立地开展研究。变式基本保留了开放式的优点，同时形成"组内合作，组间竞争"的良性机制，在交流时通过比较更能激活同学们的思维和加深对过程的体验。

第五节　研究性学习中的师生关系

研究性学习转变了同学们"学"的方式，必然就要转变教师"教"的方式，从而使师生的关系获得了新的意义和新的内涵。

首先，在研究性学习中教师不再是同学们所要学习知识的权威代表，而是和同学们一起探究知识、应用知识的共同参与者。研究性学习围绕着问题展开，而问题来源于所有学生感兴趣的所有领域。我们的教师就是再勤奋再博学也不可能涉猎那么广泛的知识体系。

正因为如此，教师也就不是同学们在研究性学习过程中的依赖者，而是这项学习活动的组织者和指导者。在学科学习中，同学们对教师的依赖性很大，不仅课要靠教师讲、题要靠教师出、作业要靠教师批，甚至有些同学连学习也要靠教师看管。而在研究性学习中特别强调同学们的主体性，提出问题、解决问题都要靠同学们自己动脑和动手。但是，这并不是说教师就撒手不管了，整个活动教师要协助同学们去组织，在选择问题、设计研究计划、完成研究任务的各个环节教师都要给予指导，向同学们介绍一些有益的经验和可行的方法。当然，学生不要企图像学习学科知识那样直接从教师那里获取答案，研究性学习这门新课程对教师的指导是有严格要求的，只能指导学生如何去探究，不能迁就学生向教师的直接索取。

教师是研究性学习的促进者。在研究性学习的过程中，同学们会遇到各种各样的困难，现实不可能像同学们想象的那样一帆风顺。这时，教师是离你最近的援助者，苦恼、困惑可以向教师倾诉，活动的修正调整可以和教师商量。

在研究性学习中，学生充分发挥学习的主动性，教师则帮助、指导学生去实现自己的主体地位，尊师爱生、师生共进将会在学习方式的转变中得以实现和升华。

在研究性学习实施过程中，教师要及时了解学生开展研究活动时遇到的困难以及他们的需要，有针对性地进行指导。教师应成为学生研究信息交汇的枢纽，成为交流的组织者和建议者。在这一过程中要注意观察每一个学生在品德、能力、个性方面的发展，给予适时的鼓励和指导，帮助他们建立自信并进一步提高学习积极性。教师的指导切忌将学生的研究引向已有的结论，而是提供信息、启发思路、补充知识、介绍方法和线索，引导学生质疑、探究和创新。

在研究性学习实施过程中，教师必须通过多种方式争取家长和社会有关方面的关心、理解和参与，与学生一起开发对实施研究性学习有价值的校内外教育资源，为学生开展研究性学习提供良好的条件。

　　在研究性学习实施过程中，教师要指导学生写好研究日记，及时记载研究情况，真实记录个人体验，为以后进行总结和评价提供依据。教师可以根据学校和班级实施研究性学习的不同目标和主客观条件，在不同的学习阶段进行重点指导，如着重指导资料收集工作，或指导设计解决问题的方案，或指导学生如何形成结论，等等。

为什么要进行研究性学习

第一节　从"资本家"到"知本家"

随着时代的发展，一个新的名词通过各种各样的媒体流行开来，这就是"知识经济"。有学者说，美国微软公司总裁比尔·盖茨，依靠智力和技术资源迅速发展成为"知本家"，就是知识经济兴起的标志。当前市场上微软公司出品的"Office"软件价值数千元，而作为这种知识载体的光盘仅值几块钱。在这里，值钱的不是有形的物质，而是无形的知识。盖茨的致富正是由此而来。

知识经济时代来临的另一突出表现就是高新技术的大发展。1998 年 3 月，一篇名为《背叛》的小说问世了，它并没有引人入胜的情节，也没有惊世骇俗的人物形象；恰恰相反，它仅有 400 个字。它的作者没有获得桂冠和欢呼，但这好像也没有给他带来什么不快，因为这位作者只是一台名为"布鲁特斯 I 型"的人工智能计算机系统。可是对于电脑写作来说，这篇小说却是一个历史性飞跃。长久以来，人们就在不断思考着这样一个命题：电脑会不会最终取代人脑，我们制造出来的机器人有一天会不会取代我们自身？所有这些"合理"的想象都被落实到了一台名叫"深蓝"的电脑身上。1997 年 5 月 11 日，在国际象棋"人机大战"最后一局较量中，IBM 超级计算机"深蓝"仅用 1 个小时便轻松战胜俄罗斯的国际象棋特级大师卡斯帕罗夫，并以 3.5 ∶ 2.5 的总比分赢得胜利和 70 万美元的奖金。1997 年 2 月，英国科学家宣布培育成功第一个克隆动物"多莉"；2000 年 6 月 26 日，美、日、英、法、中五国同时向世界宣布，人类基因密码基本破译。这是一次将极大改变人类生存面貌的科研活动，它标志着一项崭新的技术——基因技术，已日渐成熟。近些年来，纳米和纳米技术又成为一颗新的科技明星。据调查，到 2010 年，纳米技术将成为仅次于芯片制造的世界第二大产业。新能源技术、航天技术、海洋开发技术、软科学技术纷纷登台亮相，让人目不暇接。世界各国不约而同得出这样的结论：在21 世纪，科学技术必将在社会生产和人类生活中得到更加广泛的应用并向生产力领域全面渗透，从而使知识和技术转变为巨大的生产力。

知识经济的兴起加速了世界经济的一体化，世界经济一体化则加剧了竞争。1996 年，世界闻名的不列颠百科全书公司，被人以低于其账面价值一半的金额买走，而在这之前它曾是一个具有 200 年历史的、销售额高达 6.5 亿美元的百年老店。这所有的厄运都源自一个 20 世纪后期技术革命的产物：光盘。浩浩 30 卷的大百科全书在短短 5 年内，被一张闪闪发光的小光碟打倒。1999年，印度的软件出口额达到 50 多亿美元，而中国只有 2 亿多美元；印度的班加罗尔已成为世界软件工程师的基地，而同时起步的北京中关村在国际上仍然默默无闻。比尔·盖茨惊呼：软件的超级大国不在美国，不在日本，也不在欧洲，而是在印度。现代国际竞争虽然是综合国力竞争，但关键是科学技术的竞争。日、韩等国通过"技术立国"得以迅猛发展，并在国际竞争中占据了有利地位。西方发达国家为了保持领先地位，加紧调整其科技战略。中国必须迎接严峻的挑战，对知识经济浪潮给予积极的回应。

回顾已成为过去的 20 世纪，相信每一个中国人都会感慨万千：民族劫难，何其之多；民族复兴，殊多不易！为什么一个曾经站在世界文明史最前沿的泱泱大国，竟会有如此之遭遇呢？原来落后就要挨打，是谁也避免不了的自然法则。"振兴中华""实现中华民族的伟大复兴"，成了每个中国人心底最响亮的口号。

在今天，面对着这一个全新的世纪，我们青年学生——国家未来的栋梁之材，能否承担起重任，使中华民族在世界民族之林拥有自己的一席之地，必须要做出回答。

第二节　什么是"知识"

迎接新时代的挑战，我们必须拥有"知识资本"。那么，何为"知识"呢？

著名未来学者托夫勒认为知识的内容应包括"信息、数据、图像、想象、态度、价值观及其他社会象征性产物"。显然，当今时代，知识不再是局限于书本上的东西。

世界经合会组织的报告《以知识为基础的经济》亦给知识下了一个定义，他们把知识分为四种：知道是什么的知识（Know-what），知道为什么的知识（Know-why），知道怎样做的知识（Know-how），知道是谁的知识（Know-who）。

我国学者吴季松先生认为，在这4个W的基础上应再加上Know-when（知道什么时间）和Know-where（知道什么地点）才更为准确。因为即使知道了是什么、为什么、怎样做、谁来做，但是在错误的时间和地点来做，仍然会产生错误。如果我们把知识分为上述六类，前两类可以间接获得，而后四类则只能通过实践才能获得，所以称这四类知识为"经验性知识"。

江泽民同志则简洁明了地概括指出，素质教育的重点是培养学生的创新精神和实践能力。可见，"知识"亦包括了知识的应用与创造。知识只有应用才能真正实现其价值；知识只有创新才会拥有竞争力和生命力。所以，这是最为重要的。

无论什么形式的知识，要利用它们就必须有个人的吸取、加工过程。即无论现代信息手段如何先进、知识资源如何丰富，如不经过学习就无从掌握、运用和创新。从这个意义上说，实际上不存在无偿的知识。人们要掌握各类所需知识，最基本的付出就是学习、实践。

第三节　什么样的学习最有效

既然掌握知识需要学习，那么怎样学习才是有效的学习呢？在现代社会，学习的内涵已经发生了很大的变化，成为一个比读书、上课大得多的概念；学习的方式也日趋多元，包括接受式学习、体验式学习、探究式学习等。接受式学习能让人们在较短时间内学到人类漫长历史过程中积累的规律性知识以及人类的优秀文化，它一直是同学们在学校中主要的学习方式。可是，面对今天同学所要掌握的知识，接受式学习显然有十分明显的局限性。对不同类别的知识来说，接受式学习不仅不一定最有效，甚至可能低效和无效。

英国技术预测专家詹姆斯·马丁的测算结果表明：人类的知识在 19 世纪是每 50 年增加一倍，20 世纪初是每 10 年增加一倍，20 世纪 70 年代是每 5 年增加一倍，而 80 年代则为每 3 年增加一倍。90 年代，计算机网络的出现使得知识增长速度进一步加快，据测算，互联网上的数字化信息每 12 个月就会翻一番。从存储的角度来看，一张高密度的光盘就可以储存一套 24 卷本的百科全书的所有内容。知识增长速度之快，令人瞠目结舌。企图通过接受式学习掌握全部知识显然是天方夜谭。况且，"经验类知识"和创新意识、实践能力这些在当代来说最为重要的知识，都不能通过接受式学习获得。因此，转变学习方式就成为我们必须面对的课题。

美国前总统尼克松曾经说过这样一段话："中国的教育制度可以为群众提供较好的教育，但却失去了中国的丘吉尔和爱因斯坦。因为中国的教育制度过分强调了每个人样样都好，样样搞统一，从小把他们训练得十分驯服，从小灌输要听大人话的思想。不允许有独立见解，不允许有爱因斯坦自称的那样'离经叛道'，这样只能出守业型人才。"守业型人才不能承担创业的大任，不能适应知识经济的需要，不能参与激烈的国际竞争。转变学生的学习方式已经成为教育改革的突破口。

前两年有一本书很畅销，它是一位中国人写的关于美国教育现状的书：《素质教育在美国》。书中提出了很尖锐的问题：中国的中学生屡获国际奥林匹克竞赛大奖，而中国至今尚未培养出获得诺贝尔奖的人才；创造性究竟能不能教？书的作者以自己的孩子在国内与国外的受教育经历，从一个特定角度阐述了美国的教育现状。作者指出：如果美国的教育不行，为什么美国是公认的科技强国？这也是我们所要思考的问题。在中国人的一般印象中，西方国家的孩子的学习那不叫学习，纯粹是放开胆子去玩。因此当在国内考不上大学的"落榜生"偶然来到这种环境时，在国内那颗伤痕累累的自尊心竟然得到了极大满足。那么我们应该怎样看待这件事情呢？为什么我们的学习成绩比他们好，却竞争不过人家呢？

有一年加拿大政府总理率领着一个庞大的代表团访问中国，一口气与中方签订了 200 个合同。然而这并不令人感到奇怪，让人们感到惊异的是，代表团中最小的成员竟是一位年仅 14 岁的孩子，名叫佩里斯，是一所网站的 CEO。我们的学生也可能把计算机摆弄得很好，把网页做得很精美，但却为什么出不了这样的应用型和创造型的"神童"呢？我们有必要看看国外我们的同龄人在学些什么，怎样学习。

早在 1984 年，美国就开始推行 STS 课程，即科学—技术—社会课程。该课程从一个现实社会问题出发，把物理、化学、生物等自然科学知识，同历史学、经济学、管理学等社会科学知识及工艺学、医学的知识合在一起。在讨论每个社会问题时，把与之有关的各学科知识联系起来，引导学生深入了解每一个社会问题的多重起因和不同的解决办法，并注意理论联系实际，把生产实际和技术运用引进到课程当中去，实现科学、技术和社会知识的综合，这就是该课程的基本精神。由此我们可以看出，这里更重视学生的"学力"，而不仅仅是"学历"的培养。虽是一字之差，但内涵却有本质的区别。同样，在日本、德国，甚至在泰国，都设置了这种综合性的课程，使学生从"以书本为中心"向"以人为中心"转变，从"知识中心"向"问题中心"转变。学生善于思考，勤于质疑，乐于表达与别人不一致的意见，从而完成创造力的养成。一旦这种创造的火花与实践相结合，就会产生像佩里斯那样的神童。

从别人的发展历程中，我们可以认识到学习方式转变的世界性趋势是什么。我们必须冷静地分析，哪些是我们的长处，哪些是我们的不足，哪些需要我们保留，哪些需要我们向别人学习、引进。我们的优势在于基础知识扎实，基本技能娴熟，我们的缺陷在于实践锻炼机会少，探索精神和动手能力不强。而未来时代发展要求的不仅仅是书本知识的掌握，更多的是如何把所学的知识运用于实践，解决实际问题，并且在实践的过程中勇于探索，勇于创新，最终实现学习的终极目标：完善自我，创造未来。

为了有效地学习，我们必须学会学习！

第四节　新世纪我们应当怎样学习

在知识经济时代，知识总量迅速膨胀的同时，知识的有效使用周期也越来越短，交替越来越快。有关研究表明，在人的一生中，大学阶段只能获得需用知识的 10% 左右，而其余 90% 的知识都要在工作中不断学习才能取得，这样就使学习的时间延伸到人的整个一生，使学习的空间延伸到学校外面的整个社会。我们不仅要终身学习，而且必须要在社会实践中学习，在知识的运用中学习。

"跳舞是跳出来的，游泳是游出来的，英语是张口说出来的。"这是 20 世纪一个"疯狂者"——李阳的观点。多少年来中国学生的托福考试可以考到 600 多分，但就是无法真正流畅自如地与外国人交流。一位兰州大学的毕业生，一个在大学英语考试中曾经不及格的学生，终于一改中国人羞于启齿的习惯，开始把英语大声地喊出来，进而形成了一场波及全国的声势浩大的学习英语的行动。我们有理由去关注一下，究竟是什么使一向以温文尔雅自诩的中国人"疯狂"。答案是：我们体验到了学习的快乐，体验到了学习的成功，体验到了学习的价值。无数先辈积累下来的知识，无疑我们不应该把它们抛弃掉，只有继承下来，才能延续我们的文明，这是千真万确的。但我们千万不要忘记：被动的接受可能会获得一定的知识技能，但却会失掉学习的动力、欲望、兴趣等这些更加宝贵的东西。所以，学习必须是积极体验的过程，只有积极地体验，才会成为学习的主体。

近几年诺贝尔奖的发奖仪式上，仍然没有中国大陆本土培养的人才的身影。也许是这么多年来我们已经麻木了，并不像几年前那样关心这个有时带些偏见，甚至带有政治色彩的奖项。但我们不能容忍的是以智慧见长的中华民族，在今天人类探索未知世界的过程中，本应有重要的贡献，但至今却不尽如人意。创造是人类发展的源泉，创新是民族兴旺的支柱，创新精神和实践能力是一个人综合素质水平的集中表现。所以，我们必须转变单纯的接收式学习方式，将体验式学习、探究式学习引入到我们的学习活动中来，探索适应时代需求的学习新方式。

今天我们提出研究性学习就是要转变陈旧的学习方式，帮助同学们回归学习的主体，获得终身学习的动力、能力、知识、方法。

学校开展研究性学习的指导思路

第一节　学校的基本管理

教育部《普通高中课程方案》中明确规定："研究性学习活动是每个学生的必修课程，3 年共计 15 学分。设置研究性学习活动旨在引导学生关注社会、经济、科技和生活中的问题，通过自主探究、亲身实践的过程综合地运用已有知识和经验解决问题，学会学习，培养学生的人文精神和科学素养。"

基于研究性学习在当代中学教育教学中所处的重要地位和作用，我们学校对开展研究性学习非常重视。积极从组织建设、制度建设、学习评定和统筹协调等方面着手，加强研究性学习的开发、实施、评价和管理。

一、成立以校长为组长的领导小组。小组负责校内外指导力量组织的协调和设备利用、过程落实、实施检查等项工作的统筹安排，以保证研究性学习的有效实施。

二、确定"学校—年级—班级"三级管理制度。学校成立了研究性学习领导小组，加强对学校研究性学习的宏观协调和指导；年级成立了研究性学习指导组，负责针对各年级具体情况制订实际有效的研究性学习开展和实施计划，发挥年级组在组织协调方面的作用，注意加强对指导教师的督促和管理；班级成立以班主任为组长，课任教师为指导负责人的研究性学习班级指导小组，强调班主任在研究性学习管理上的重要作用，以班级为单位加强对学生研究性学习的指导。

三、建立研究性学习网站。为更好地开展研究性学习工作，学校教务处建立校内研究性学习专门网站，活动中的发布通知、开题报告、结题报告、评价成绩录入、活动成果展示等多方面内容均通过网络呈现，这样可以极大地方便广大师生更好地开展研究活动；学生可以在家或学校通过网络轻松地了解全校同学的研究性学习进展，一方面可增长知识，扩大视野；另一方面也能了解自己同学的喜好和研究兴趣，加强交流，还能从中分享各种研究成果，一举多得。同时，学校的管理部门和指导教师也可以通过登录网站获得同学们研究性学习的最新进展，从而更好地开展研究性学习的教学和指导工作。

第二节　学校关于研究性学习的计划和安排

一、师生培训，明确目标

在开展研究性学习的过程中，教师和学生的角色都具有新的特点，教育内容的呈现方式、学生的学习方式、教师的教学方式以及师生互动的形式都会发生较大变化。因此，活动开始时，学校首先通过大会、班会等形式对全体师生进行研究性学习培训，发放由教务处制定的研究性学习指导手册。通过培训，使研究性学习的理念深入人心，让每位师生明确自己的任务，明确活动实施的步骤。

年级要成立研究性学习指导小组，由年级长任组长，成员由年级长确定。在各班成立班级研究性学习指导小组，组长由班主任担任，成员由班主任与科任教师协商确定。各研究小组制订研究性学习活动计划。做到每一位同学都参与其中，每名教师担任一个或多个课题小组的指导教师。

二、认真选题，制订计划

各年级的各个备课组，每学期根据本学科的特点，提出若干个研究课题，上报教务处审批后，向学生公布，学生根据自己的兴趣，选择课题。为了鼓励学生大胆创新，学生也可自定研究课题或子课题，上报各科任教师后，审批确定。学生选题之后，填写开题报告，上交教务处审核。学校教务处根据学生选题的汇总情况，进行调整、平衡，避免出现某些课题学生选择过于集中的情况，同时也可以避免学生选出不切实际、过于陈旧等无太大价值的课题，保证学生在活动中有收获。

三、教师指导，设计方案

课题组成立后，学生在教师的指导下，分组研究设计方案。小组研究方案确定后，各班组织一次方案的交流（开题报告会），以促进学生的互相学习与提高，进一步完善研究方案。学生按确定的研究方案，利用课程安排的时间和周末、节假日，分工协作，开展各项调查、研究、实验、制作等研究性活动。在此基础上完成研究报告。学生填写活动过程表、研究成果报告表。

四、积极开展班级评价活动

课题的评价包括开题评价、过程评价和结题评价。主要评价活动由班主任和班级研究性学习指导小组教师组织，每次评价前，每一个课题组需要对所做课题的相关内容进行陈述（最好做成一个简单的PPT），评价人由班级指导小组、课题指导教师、课题组长三方组成，现场打分。各评价人须及时将评价结果录入学校研究性学习网站管理系统。

研究性学习是一个由师生共同探索新知的过程，指导教师是课程的组织者、活动的支持者、学习的参与者、信息的咨询者，学生是学习过程的主体和受益者。只要我们以积极的态度和饱满的热情投入到研究性学习中去，就能真正体验到自主探究学习的乐趣，切实提高自己的各种能力，从而学会运用所学知识解决实际问题，并且有所发现、有所发明，甚至有所创造。

研究性学习的实施

第一节　问题从哪里来

研究性学习就是在类似科学研究的情景和途径下进行的一种学习形式。在此情景下，学生通过主动探索和体验，学会收集信息、分析和判断信息，提高解决问题的能力，从而增进学生的思考力和创造力。在研究性学习中，学生是学习的主体，通过提出问题—收集信息—提出假说—设计方案—验证假说等一系列过程使学生亲历探究的行为，体验创新的情感。

由此可见，研究性学习相当于一次小型的科学研究过程，这就要求学生首先搞清楚科学研究从何开始？从根本上说，科学发现往往是从问题或矛盾开始的。发现矛盾、捕捉问题是科学研究的起点。数学家希尔伯特说得好："历史教导我们，科学的发展具有连续性。我们知道，每个时代都有它自己的问题，后者或者得以解决，或者因为无所裨益而被抛到一边，代之以新的问题。"

既然科学研究是从问题开始，这就要求学生在研究性学习中，先要学会如何提出问题，提出高质量的问题。

一、提出问题的思维方法

如果我们学习中不能发现问题，说明我们对所学知识一知半解，可能是生吞活剥。发现问题的过程是同学们进行创造性思维的过程，也是课题选取的起点。提出问题的思维方法主要有四种：

（一）进行怀疑性思考

怀疑是指对先前的方法、结论、行为方式等方面的合理性提出质疑。质疑必然引起人们对原有对象的重新审视，从而产生新的问题。其方法一般可以分为三种：纵向质疑，即追根究底式考查事物发展的连续性，探索事物的来龙去脉；横向比较，即对同类事物重新进行相互比较，力求辨是非、鉴真伪、分优劣；逆向推理，即把结果当作前提向前追溯，分析结论成立的条件是否具备，这样往往会产生打破常规、实现创新的效果。

（二）转换思维角度

转换思维角度，即站在与当前结论不同的角度分析，或从不同的层次重新进行分析，推断事物发展的多变性和不确定性。转换思维实际是一种多视角思维，从多个角度观察同一现象，用联系的、发展的眼光看问题，会得到更加全面的认识，从多个层次、多个方面、多个角度思考同一问题，会得到更加完满的解决方案。如果我们对某一问题的思考方式对自己不利，就应该转换一个思路，从另一个角度考虑问题，说不定可以让问题迎刃而解。转换思维可以帮我们精确地理解某一事物的内涵和外延，并对事物的概念做出规定。此外，转换思维可以避免思维定式，对于发明创造来说有重要意义，每转换一个新的视角都可能引发一个新发现或新发明。

（三）类比与移植

通过与其他研究对象进行类比，并借用其他研究对象的思维方式去探究目前研究的问题。

比如：汽油防爆添加剂四乙基铅是由机械工程师发明的；现代复印技术是由专利法律员工发明的；圆珠笔是由画家和化学家发明的；最早的自行车是医生发明的。

（四）深入探究对象

直接面对研究对象，在对研究对象的思考中提出新问题或寻找新的解决方案。

二、如何发现高质量的问题

在我们日常生活和学习中经常会碰到各种各样的问题，经常会对各种各样的现象提出很多为什么。比如，当我们站在金水河边时就会产生"金水河为什么会污染""如何治理金水河污染"的问题；当我们坐在汽车上时就会提出"郑州的交通为什么这样混乱""如何有效地解决交通混乱"的问题；当我们坐在教室里听老师讲课时，我们的脑海里会产生各种各样有关学科中一些一时搞不清的问题，例如"这道题有几种解法""为什么会产生这种实验现象"；当我们在公园里散步时，会产生"花为什么会散发出香味""植物为什么会有光合作用而动物没有光合作用"等等。总之，在我们的学习生活、社会生活中，问题是时刻伴随在我们的身边，这些问题中既有我们疑惑不解的，又有我们感兴趣的。这些问题有的会在我们的头脑中停留很长时间，有的则是在我们脑子中一晃而过。

虽然在我们的头脑中存在着各种各样需要解决的问题，但当我们要真正确定一个课题进行探究时，我们又会发现自己头脑中的问题太一般化了，这些问题好像很难成为一个课题，不值得研究。这就是学生参加研究性学习时感觉到无课题可以研究的原因。正如爱因斯坦曾经说过的：提出一个问题往往比解决一个问题更重要。当然，爱因斯坦说"问题"不是一个一般化的问题，而是可以进行研究的问题，即课题。那么，学生如何发现问题，尤其是发现高质量的问题呢？

（一）要认真对待日常学习生活、社会生活和自然界中的现象

什么是现象？现象是指事物在发生、发展和变化中的外部形式和表面特征。事物的现象中往往包含着事物发展的规律，这就要求学生认真对待日常学习生活、社会生活和自然界中的现象，在人们熟视无睹的、习以为常的、杂乱而纷纭的自然现象、社会现象中，透析发现它们所显示的趋势、规律和本质。

世界每天都是新的。这是因为世界上的任何事物或现象每时每刻都处于不断运动、变化和发展之中。在错综复杂的现象中，我们应从哪些现象入手去进

行现象考察从而发现问题？这对大部分学生来讲是一个较难的问题，很多学生会感到无从着手。

作为一名中学生，在观察日常学习生活、社会生活和自然界中的现象时，要特别关注那些新奇的现象、重复的现象和密集的现象这三种有价值的现象。从这三种现象入手进行思考，就可以产生一些有价值的问题。这是因为从新奇的现象中能考察发现未来趋势（包括发现有重大价值和发展前途的新事物），从重复的现象中能考察发现客观规律，从密集的现象中能考察发现事物本质。

新奇的现象是指在客观世界中刚出现的新鲜、奇特的现象。新奇的现象大致可分为两种，即新鲜的现象和奇特的现象。新奇的现象在刚出现的时候，无疑是属于偶然的现象、个别的现象，但这些偶然的现象或个别的现象在平时最容易被同学们忽视，这就要求同学们平时要有目的地对这些偶然的现象、个别的现象多提几个为什么，多提几个问题，这些问题往往会成为同学们进行研究性学习的最好课题。

重复的现象是指同一事物在一定的时空里或以一定的形式多次性出现的现象。重复的现象大体可以分为两种，一种是时间上、空间中出现的重复现象，另一种是间断性、连续性显示的重复现象。例如，花开花落、候鸟徒迁、雄鸡啼晓、四季轮回、潮汐涨落等等，这都是人们习以为常的一些周期重演、过程重演或内容重演性的重复出现的现象。但是如果对这些重复的现象深入研究，就会有重大发现。

只要学生在平时能认真地观察，用心思索这些在学习生活、社会生活和自然界的重复现象，一定会产生有价值的问题，一定会在研究性学习中有所突破，取得较大的成果。科学上的一些重大发现和创造都是从观察重复现象开始，微生物的发现就是一个很好的例子。列文虎克是荷兰显微镜专家和生物学家。1675年的一天，同往常一样，列文虎克又在显微镜下观察着什么，时间长了，他感到眼睛疲乏，便出门到屋檐下休息。这时，天正巧下着雨。望着屋檐上流下来的雨水，列文克虎突发奇想："这清洁透明的雨水里会不会有什么东西？"随即拿来两支试管接了一些雨水放在显微镜下观察。出乎意料，显微镜下竟有成百上千只"小动物"在活动。他兴奋极了。可是，过了不久，当他又接了雨水观察时，却连一只"小动物"也没有，而且一连几次都这样。雨水中有"小动物"的现象间断了，但他毫不灰心，认为雨水中有"小动物"可能是必然规律而不是偶然现象。于是，他决定继续观察。果然，几天后，又下雨了，列文克虎取雨水再次观察时，显微镜下又出现了"小动物"，只不过地方不同，"小动物"的形状和活动方式也不同罢了，最后确定"小动物"为一种新的物质，即微生物。

密集的现象是数量很多的相同或相似的事物集聚在一定的时间、空间里，同时存在或短时间内先后相继出现。密集的现象后面往往蕴含着事物的规律，因此，我们对密集的现象要经常问：这些现象的出现意味着什么，通过对问题的思索就会有新的发现。

（二）要学会观察与思考，养成不断提问的习惯

有的学生当看到别人的成果时，会感叹说："这种现象我也看到过，当初我怎么没想到呢？"出现这种情况的一个重要原因是该学生的观察与思考的能力不强，说得严重一点是不会观察。有的学生认为观察不就是"看"嘛，人人都会，有什么难处，没有什么了不起，其实要做到正确、全面、深刻地观察是很不容易的。黑格尔说："假如一个人能看出当前显而易见的差别，比如，能区别一支笔和一头骆驼，我们不会说这人有了不起的聪明。"同样，一个人能比较两个近似的东西，如橡树与槐树，或寺院与教堂，而知其相似，我们也不能说他有很高的比较能力。我们所要求的，是要能看出异中之同和同中之异，从表面上差异极大的事物之间看到本质上的共同点，或从表面上极为相似的事物之间看到本质上的不同，这才是观察的真正难点。

那么，学生如何培养自己的观察能力，并从观察的现象中提出高质量的问题呢？首先，观察现象应在明确的目标指引下有目的、有计划地进行。这就是说，一个人要有问题意识，要有怀疑一切的精神，形成强烈的创新意识和创新欲望，对事物或现象有特殊的敏感，用创新的眼光和视角看人们司空见惯、熟视无睹或新奇陌生，甚至不起眼的东西，想人所不想，见人所不见，发掘其潜在的意义和价值。其次，进行观察时思想应当不受任何约束，以免用先入之见去搜寻预期的结果。要尊重客观，时刻保持一颗好奇心，密切注意任何意外现象的出现，因为，意外情况往往可能导致意想不到的重要事实的发现。再次，

观察必须与思考相结合。培根说："我们不应该像蚂蚁，单是收集；也不可像蜘蛛，只从自己肚中抽丝；而应像蜜蜂，既采集又整理，这样才能酿出香甜的蜂蜜来。"所以，观察不应该是消极地注视，而应是一种调动已有知识储备与眼前观察对象相比较、判别，并积极猜测、联想、推理和整理的过程。

（三）要建立一个自己的问题库

当我们对某一现象进行观察或思考时，问题的产生有时是很短暂的，在大脑中一晃而过，如果不把这些问题及时记录下来，这些问题就会不复存在，而有时这些问题往往是有很大的价值。因此，学生们要养成记问题的习惯，不要过多地去顾及问题的质量档次，不顾自己以现在的知识和能力水平能不能回答这些问题，随时记下你所想到的问题，以建立自己的问题库。

（四）善于从中学学科体系中提出问题

中学教育属于基础教育，作为中学生，我们的根本任务是学习。进行研究性学习既不是为创建新的知识和技术，也不是为验证、修正人类已有的知识和技术，而是为未来接受更高层次的教育、能够实现终身学习打下坚实和良好的基础。

研究性活动的课题中，有相当一部分是在老师的指导下，由我们自己对在学科学习中感兴趣的问题做进一步的探究。这些课题不一定有正确的研究结论，但它重在培养我们的科学精神、科学态度与科学方法，培养我们的严谨作风和合作精神。如，物理学科中的摩擦力在生活实践中的应用研究、语文学科的"古典小说与武侠小说的历史背景及文学考究对现实生活的影响"、数学学科重点"余弦定理在日常生活中的应用"、化学学科的"用植物色素制取代用酸碱指示剂及其变色范围的测试"、生物学科的"基因工程的现状及其发展"。其他学科都有很好的学科探究课题。

当然，我们在知识、思维和技能、实验设备、信息资料等方面，尚未具备进行研究的必要条件。因此要明确研究性学习是一种学习方式，其目的是帮助我们更好、更快、更多地掌握基本的知识和技能，为发展创新、创业能力打下良好的坚实基础。以高中新教材为例，新课标明确地强调各学科是生活的学科，是应用的学科，是发展的学科，是终身教育的学科。因此，来源于中学学科体系中而又着眼于应用性拓展的内容本身就是我们选题的一个方向。

（五）学会从一个主题出发，多角度、全方位地提出各种问题

要敢于与同学和老师讨论，甚至争论，敢于把自己的观点和思想亮出来，在讨论中开拓自己的思路，修正自己的观点，产生更多更深刻的问题。比如，以"酸雨"为主题，我们可以发散性地产生一些有关酸雨的问题，"酸雨是什么？""为什么会形成酸雨？形成酸雨的条件是什么？""世界上最早出现酸雨是什么时候？在哪个地方？""为什么酸雨越来越严重？""酸雨对环境有何影响？""如何减少酸雨的产生？"等等。也可以通过对一些热点问题的讨论，引出很多有价值的问题。例如，金融危机对中国的影响，可以引出很多值得同学们思考的问题："金融危机与中国的房产""金融危机与中国的农业""金融危机与中国对外开放"等不同主题，在各个主题下还可以派生更多的问题。

【主题的拓展延伸】

物理学

物理学（Physics）是一种自然科学，主要研究的是物质，在时空中物质的运动和所有相关概念，包括能量和作用力。更广义地说，物理学是对于大自然的研究分析，目的是为了要明白宇宙的行为。

物理理论通常是以数学的形式表达出来。经过大量严格的实验验证的物理学规律被称为物理定律。然而如同其他很多自然科学理论一样，这些定律不能被证明，其正确性只能靠着反复的实验来检验。

物理学的影响深远，这是因为物理学的突破时常会造成新科技的出现，物理学的新点子很容易引起其他学术领域产生共鸣。例如，电磁学的进展，直接导致像电视、电脑、家用电器等新产品的出现，大幅度地提升了整个社会的生活水平；核裂变的成功，使得核能发电不再是梦想。超导技术、磁悬浮技术、激光技术、卫星通信、航空航天、电力交通、天体物理、地外星系、宇宙奥妙、能量能源、物体运动、物理学史、制冷技术。我相信一定有你想学的专业

或者比较感兴趣的话题。

网　络

网络是信息传输、接收、共享的虚拟平台，通过它把各个点、面、体的信息联系到一起，从而实现这些资源的共享。它是人们信息交流使用的一个工具。网络会借助文字阅读、图片查看、影音播放、下载传输、游戏、聊天等软件工具从文字、图片、声音、视频等方面给人们带来极其丰富和美好的体验与享受。网上可以直接实现虚拟产品的交易，如文字或影音的购买、发送、传输、接收。但实物哪怕芝麻大点的东西也必须依靠人来送达，这就是网络发展的极限性。它可以在虚拟和感觉方面超越人，但永远不会在实体感受方面取代人类。

随着网络的发展，网络语言和网络流行语不断地推陈出新，网络可以使人在一夜成名，也可以使人一夜败名，网络反腐、网络谣言……每一个网络新型名称的诞生，都遵循一定的发展规律，值得同学们不断地探索。

中学生、校园、社会、家庭

中学生是指接受中等教育的学生，年龄一般为 11~19 岁。在中国大陆，中学教育由初级中学（初中）和高级中学（高中）组成。发生在中学生周围的事情很多，中学生的成长需要丰富自己的知识，开拓自己的视野。在这个过程中，发生在中学生身边的或经历的事情不计其数，中学生的喜怒哀乐、酸甜苦辣需要家长、社会、学校、老师、同龄人的理解和包容。中学生的生理、心理、友谊、情感、交往，相信一定有关于中学生的很多话题或者课题去探讨。

环境保护

随着经济的发展，具有全球性影响的环境问题日益突出，酸雨、空气污染、生物多样性锐减、气候变化、全球变暖、土地荒漠化、海洋污染、臭氧层破坏、危险物越境转移、水污染十大全球性环境危机，严重威胁着全人类的生存和发展。作为青少年学生，你们是全球化和可持续发展需要的未来人才，更应树立环境与可持续发展的价值观，从身边的小事做起，养成节约、环保、低碳的生活习惯。关于环境、能源、水资源以及工业对环境的影响，日益恶化的环境对人们的生存、农业生产、粮食质量带来了一系列影响。关于这些，同学们有什么高见呢？请展开探讨和研究。

影视艺术

影视艺术包括电影、电视及两者所表达的艺术效果。电影是影视艺术的起源，电视是影视艺术的衍生物之一。电影电视的发展、演变、制作、设计、发行、未来的发展方向、中外电影的对比、电影电视题材的吸引力、著名的影视明星的发展之路、影视明星的炒作，这些课题总有一些同学是比较感兴趣的。

政治、经济

政治经济学，广义地说，是一个研究社会生产、资本、流通、交换、分配和消费等经济活动、经济关系和经济规律的学科。政治经济学研究一般是指经济、法律和政治学的交叉研究，以理解政治实体和政治环境对市场行为的影响。各国政要的治国方略，不同政治制度的对比，法律问题，理财之道，经济发展的不均衡性，小到个人的一日三餐，大到国家的经济形势。

社会生活

在物质生活中，物质资料的生产活动是人类社会生活首要的和最根本的内容，是人类从事其他生活活动的基础；同物质生产活动密切相连的是物质生活资料（人们在吃、穿、住、用、行等方面的生存、享受和发展资料）的消费活动，这种消费活动同样是物质生活的重要组成部分，是使人类自身得以生存、繁衍和发展的必要条件。社会的精神生活以物质生活为根基，内容包括科学、哲学、伦理、政治、法律、制度、语言、民俗、教育、艺术、宗教等精神产品的生产活动，以及文娱、社交、旅游、学习、书画、体育等精神产品的消费活动。社会生活的这两个方面在许多情况下互相融合和互相渗透，如饮食、衣着服饰、建筑等都属于人们的物质生活领域，又包含精神生活的内容。作为社会生活基本单位的家庭生活，则体现了物质生活和精神生活的统一。物质的和精神的、主观的和客观的因素错综复杂地结合，构成了社会生活这一有机整体。

广义的社会生活中，与经济生活、政治生活、精神生活相对应的社会生活，就是指社会日常生活。内容主要表现为个人、家庭及其他社会群体在物质和精神方面的消费性活动，包括吃、穿、住、用、行、文娱、体育、社交、学习、恋爱、婚姻、风俗习惯、典礼仪式等广泛领域。

历史研究

历史，一是指过去事实的记载，二是指已过去的事实，三是指经历、底细，四是指自然界和社会的发展进程、沿革、来历，五是指已过去的经历和事迹的痕迹，六是指历史学科。

历史可以分很多种。按地域分：世界历史、亚洲史、欧洲史、非洲史、大洋洲历史、美洲历史。

按时代分：史前史、古代史、近代史、现代史。

按学科分：哲学史、宗教史、思想史、史学史艺术史、电影史、美术史、建筑史、广告史、文化史、文学史、教育史、博物馆史、经济史、农业史、自然科学史、数学史、医学史、交通史。

在人类发展史上，世界各民族、国家发生了无数历史现象、历史事件，产生了无数历史人物或帝王将相。相信同学们一定能找到研究的兴趣点。

第二节　把问题变课题

问题的提出有不同的角度。可以从自己的兴趣出发，提出一些自己感兴趣的问题；可以从自己学习的学科出发，提出一些学习中自己较困难的问题；可以从自己感兴趣的现象出发，提出自己观察到的一些难以解释现象的问题。然而，并不是所有的问题都可以成为一个值得我们开展深入研究的课题，在众多问题中选出一个能转化为研究课题的问题是一件不容易的事。

例如，"某一类型的数学题有几种解法？"这虽然是我们在学习过程中经常遇到的问题，但它仅能作为一个最基本的数学问题，而不是一个研究课题。

"环境污染和环境保护"，这是带有普遍性的问题，但问题涉及的范围很大，人们可以从许多不同的角度、不同的方面对它进行探讨、研究，它是一个值得探索的领域，但不是一个合适的课题。

"氧化铜处理汽车尾气中的一氧化碳的研究"，这是带有普遍性的问题，是人们关心的汽车尾气处理的问题，同时，这个问题的范围（尾气中的一氧化碳）和解决这个问题的任务（氧化铜）比较明确和集中，这样的问题可以成为一个研究课题。

从上面的例子我们可以看到，研究课题就是针对某一领域中具有普遍意义的特定问题，有明确而集中的研究范围、目的和任务的问题。

一、选题的原则

要使问题转化为课题，我们先要对课题的选题原则有所了解。一般来说，选题要遵循以下原则。

1.开放性、自主性原则

开展研究性学习课程的目的，在于改变以往学生以接受教师传授知识为主的学习方式，为学生构建开放的学习环境，提供多渠道获取知识，并将知识综合应用于实践的机会，从而促进学生形成积极的学习态度和更为有效的学习策略，其根本目标是为了培养学生的创新精神和实践能力。这个学习目的决定了研究性学习的选题必须是开放的、学生自主的、不拘一格的。选题可以是教材当中与实践有联系的内容，也可以是学生个人生活中、社区内、校园里能引起学生兴趣的内容，可以是社会热点问题，也可以是学生即兴灵感，有条件的学生可以拜访有关专家，从科学前沿的研究中寻找课题，也可以对自己家乡传统风俗、文化的某一侧面进行研究，生产、生活、环保、体育、军事、科技等都是选题的来源。

2.科学性原则

研究性学习虽然不同于一般的科学研究，但它们从形式和内容都有相似之处，所选课题必须是科学的、合理的，即使题目不大，也必须尊重科学，遵守自然规律和社会发展一般规律，不能凭空捏造一些毫无科学根据的，甚至是荒诞不经的题目来进行所谓的研究。

3.价值性原则

进行研究性学习时，学生所选择的问题最好具有一定的研究价值，能回答或解释某种现象和问题，或在当地人民生活、生产方面有一定的实用性，或有一定的学术价值，对学生要有正面教育的意义。如环保、交通、卫生、文化、教育问题等属于前者，对当地文化、风俗等的研究就属于后者。有一些问题虽不属于这两方面，如对学科学习中的某些问题进行思辨性分析，就目前学生水平来讲，不一定有太大的学术价值，也不一定有太广泛的应用，但可以培养学生搜集整理资料的能力，培养其学科内或学科间交叉思维的能力，也可以考虑选择。但那些毫无价值的或离我们的学习及生活不着边际的问题最好不去研究它。

4.因地制宜原则

我们的国家地域十分辽阔，南北东西差异非常大，从大城市、中小城市到农村，学生生长的环境迥然不同，学生的爱好也是千差万别，选题时的差异必然非常大。如北京四中的学生可以请中科院或北大清华的教授给他们当指导老师，做一些复杂的、接近当代科学研究前沿的问题，而河南的孩子想做到这一点就比较困难。相反，河南的学生可以研究黄河、中原文化风情等问题。就是同在一个地区同一所学校的学生，因为个人成长的环境不同，个人好恶不同，在选题时也可能有很大的区别。总体来说要做到因地制宜、因人而异，选择自己比较了解的课题进行研究，不要简单模仿别人的选题。

5.安全性原则

学生进行研究性学习，必然要走向社会，走进自然，但他们还是未成年人，其安全性在选题阶段就应给予考虑，学校在进行课题审查时，对那些存在安全隐患的课题，要禁止让学生去完成。

总之，选题是进行研究性学习的重要环节，要给学生留出足够的时间让他们去思考选择，选题的本身就是学生进行思考和锻炼的机会。好的课题会使学生兴趣浓厚，研究开展顺利，并有一定质量的结果。反之，不好的课题可能会使学生无所适从，甚至为了完成课题而胡编乱凑，应付差事，这就从根本上违背了研究性学习的初衷，从而使课程的开展丧失了意义。

6.可行性原则

这条原则要求学生在选题时一定要充分考虑课题研究的主观条件和客观条件，要从自己已有的知识水平、自身积累的经验、兴趣爱好、时间和精力及与其他人的配合等实际情况出发，选择自己通过努力可以获得成功的课题。

贯彻这条原则需要处理好以下几个关系：

一是大和小的关系。一般来说大课题的研究价值高，成果的社会影响大，但它比较复杂，开展的条件要求高，不易出成果；小课题涉及范围小，任务单纯，目标集中，容易开展，容易出成果。但作为学生不能一味求大而小看小课题，忽视小课题的研究，有的小课题研究往往也会有很重要的理论和实践意义，它的价值并不比有些大课题低。

二是难和易的关系。难的课题往往比较有价值，但难度大的课题对研究者主观和客观条件的要求高，需要花更长的时间、更多的精力，而且容易因久攻不克，失去信心，导致半途而废。

对于中学生来说，选择较小的课题，选择与自己能力相适应的课题进行研究应该说是比较合适的。

知道了选取问题的原则，接下来我们谈谈如何从众多的问题中，选择适合自身特点的课题。

二、问题的分类

1.根据问题回答的要求可以把问题分为"是什么"、"为什么"和"怎么办"

① "是什么"的问题一般属于基础知识的问题，往往可以通过到图书馆查找教科书和科普读物类书籍获得答案。这种问题的解决一般比较简单，通常可以通过撰写读书报告的研究形式来完成。例如，"大气污染的原因与防治""区

域范围酸雨形成的原因、危害及防治""废电池的危害、回收和利用"等都属于这类问题。

② "为什么"的问题是属于比较深一层次的问题，解决这一问题需要有一定的基础知识，根据问题设计研究方案或查阅资料，然后通过对资料和实验数据的整理分析，提出自己的观点。例如，"土壤中某些元素对植物生长的影响""饮茶对人体吸收某些金属离子和蛋白质影响的初步研究""某种固体工业废物再利用的研究"等。

③ "怎么办"的问题属于决策类的问题。它不仅要回答问题是什么、为什么，而且要回答怎么办。这就需要研究者全面地、综合地看待问题，做出决策。例如"影响空气污染指数的因素及对策研究""废电池处理现状及改革方案""合成洗涤剂的研究和开发利用"等。

2.根据问题的回答方式分类

①读书报告类。主要以文献方法获取信息，然后汇编成文，如关于克隆技术的研究综述、毒品的危害、本地区因特网的现状。

②社会调查类。通过调查获取信息，解决问题。如中学生心理健康情况调查、高中生对于"交笔友"现象看法的调查、本地大气污染情况调查研究。

③观察记录类。针对自然现象，不改变条件，坚持进行观察和记录，并运用观察的现象和数据来回答问题。如蚂蚁如何建巢、蜻蜓幼虫如何发育。

④参观访谈类。通过参观一些特殊场所，与相关人员进行访谈从而获得信息，回答问题。如电视广告对市民的影响、中学生看营养盒饭。

⑤实验研究类。通过改变受控条件进行实验，从而获得实验数据、现象和结果，解决问题。如土壤中某些元素对植物生长的影响、饮茶对人体吸收某些金属离子和蛋白质影响的初步研究、某种固体工业废物再利用的研究、苹果营养成分的分析和研究。

⑥设计制作类。根据自己的知识和经验创造性地发明和制作一些模型或实物。如太阳能—风能通用收集装置的设计和制作、鞋的除臭装置的设计。

三、完善问题的陈述

对于第一次参加课题研究的学生来说，其提出的问题在研究对象、研究范围和研究目的等方面往往会模糊不清，使课题的开展显得较为困难。因此，必须根据选题的原则、问题的分类，对问题的陈述进行完善，使一般的问题陈述变为课题的陈述方式。课题的陈述一般有以下规则：

1. 问题的陈述必须能为课题的研究指明足够明确的重点和方向，人们从题目中可以立刻了解到你所研究的重点是什么，你的研究方向是什么。

2. 陈述应该简洁明了，并确定研究活动的关键内容。

3. 陈述问题可以采用叙述或描述的形式，也可采用问题形式。例如，"垃圾的回收和利用"。这个陈述中课题研究的重点和方向就显得不明确，如果改为"城市垃圾的回收和利用"，虽然比前一个的陈述有所明确，但"垃圾"的范围表述还不够明确，所以，还可以把这一课题进一步明确为"城市生活垃圾的回收和利用""学校垃圾的回收和利用"。

在课题的陈述中，一般采用叙述的形式，常见的课题在名称中应尽可能表明三点：研究对象、研究问题和研究方法。如在"水的酸碱性对热带鱼的生理影响实验研究"这个课题的表述中，研究对象是热带鱼，研究问题是水的酸碱性的影响，研究方法是实验研究。但在实际的研究中，课题的陈述由于课题的研究方法不同、研究对象不同、研究要求不同，因此，课题的陈述对上面的三点可以灵活运用。但不论你用什么样的陈述，归根到底，课题的陈述必须清楚。

下面是课题常用的陈述形式：

- ×××的现状和展望
- ×××的研究综述
- 关于×××的研究
- ×××的分析和对策研究
- ×××对×××的影响（研究）
- ×××的处理方法的研究
- ×××的调查研究
- 关于×××的思考
- ×××的实验研究
- ×××初探
- ×××的×××测定
- ×××在×××中的应用

第三节　课题的确立

通过对问题的分析和问题陈述的完善，应该说我们已经有一个好的课题研究的方向和目标，但还不能着手进行深入的研究。在进行正式研究前，我们还必须对课题的可行性进行评估。课题的可行性评估主要有以下几个方面：

1. 人力。主要包括课题人员的研究兴趣、知识和能力水平、特长、合作伙伴和指导教师等因素。

2. 财力。主要包括实验经费、资料收集所需经费、调研经费等。

3. 物力。包括学校现有的实验设备和校外能利用的实验设备、研究的地方和场所、学校的图书资料和校外图书资料、因特网资源以及实验用药品等。

4. 时间。课题研究的时间大致可分为预研究的时间、实验和收集资料的时间、讨论交流的时间、撰写报告的时间和汇报时间。

通过评估，原有课题有的可能要在课题研究的内容上进行修正，有的可能要在课题研究的方法上进行修正，有的可能要在课题研究的对象上进行修正，有的甚至可能在课题研究的方向上进行修正。在不断完善的基础上，最后确定我们要研究的课题。

下面用"饮茶对人本吸收某些金属离子和蛋白质影响的初步研究"这个具体的实例来说明课题确立的过程：

"饮茶对人体吸收某些金属离子和蛋白质影响的初步研究"这个课题，最初是某些学生看到喝茶的杯子里有茶垢这一日常生活中的现象后，提出"为什么喝茶的茶杯上会形成茶垢，茶垢是怎样形成的"这一问题。这个问题应该是一个很一般的问题，只要查找一下资料就可以知道，茶垢是茶叶中鞣酸和一些金属离子结合形成的沉淀。但这些学生接着又提出，不同来源的水由于水中所含的金属离子不同，茶垢产生的情况也应有所不同。在此基础上他们接着提出了第二个问题——"不同水源泡茶后茶垢形成的情况分析"，这个问题应该比第一个问题有了发展，这就是它可以对"不同水源"这一变量开展实验研究，他们认为"不同水源"可以是各种各样的矿泉水、纯净水和自来水。但在具体的实验过程中他们也发现茶垢产生的速度和量的多少很难测量，感觉到这个课题在学校现有的实验检测的条件下还不能很好开展，对这个课题还必须进行进一步完善。在一次小组讨论中，有学生说他在网上查阅资料时发现很多资料都认为喝茶对贫血者身体不利，原因是茶叶水中的鞣酸要和铁离子结合形成沉淀，影响人体对铁离子的吸收。这名学生提出的问题给了其他同学很大的启示，有的学生就提出茶叶水会不会和其他人体所需的金属离子，例如钙、镁离子结合产生沉淀而影响人体对这些金属离子的吸收？有的学生提出，茶水喝到胃里，胃液是酸性的，酸性会不会影响沉淀的产生？在学生们讨论的基础上，最后形成了课题——"饮茶对人体吸收某些金属离子和蛋白质影响的初步研究"。通过"饮茶对人体吸收某些金属离子和蛋白质影响的初步研究"这一课题确立过程的分析，学生们应该清楚地认识到一个好的课题的确立是一个渐进的过程，一个不断修正的过程。

第四节　研究性学习计划的制订

一、制订计划

在研究性学习过程中，课题一经确立，必须制订详尽的研究计划。

研究计划是如何进行课题研究的具体设想，是着手具体研究活动的框架。不同类型的课题还需采取不同形式的研究方法，如采用实验法进行研究的要制订具体的实验计划；采用调查法进行研究的就要制订具体的调查方案、设计调查表格等等。

课题研究计划的基本结构如下：

1. 课题的界定与表达：揭示课题的论点，形成课题目标，以指导研究过程。课题名称必须简洁、具体、明确。

2. 研究的目的与意义：揭示课题的价值和课题的研究方向、重点。

3. 研究范围的具体表述：课题的研究内容、研究对象、实验实施及资料采集等情况，一般来说课题研究越精深，课题研究范围越小。

4. 研究的方法、途径：方法与途径务必明确，为实现研究目标可用多种方法试验进行。

5.进展的步骤、进度：步骤与进度必须明确，否则研究拖沓，极易落空。此外，步骤与进度充分本现创造性的整、分、合的劳动，是确保研究顺利进行的有力保证。

6.成果的形式：可以是调查报告、实验报告、研究论文或发明创造实物等，此外成果的检测、评价手段等也应明确。

7.课题组成员的分工：如果是小组形式的研究，各人的分工应明确，以便使研究顺畅高效。

应当指出，研究计划并不是一成不变的。在研究活动中，可以根据实际情况对原计划进行修订完善，要学会将计划性和灵活性有机结合起来。

二、撰写开题报告

撰写开题报告是课题研究的必要条件，它为研究者提供了明确的、可操作的程序，是课题研究的"蓝图"。撰写开题报告实际上可以帮助我们清楚地了解自己为什么要做这个课题？究竟想做什么？能否达到自己的预期目标？若分析之后觉得还存在问题，则可以马上调整自己的方向和目标，从而避免"大题小做"或"小题大做"。因此，开题报告的质量高低将直接影响课题研究能否顺利完成。

1.开题报告的内容

开题报告的内容包括：我们为什么会想到要研究这个课题？谁是我们研究的特定对象？通过研究，我们试图实现什么？我们想弄明白的问题是什么？我们决定通过什么方法来验证我们的假设，为什么要用这个方法？具体的时间安排和实施步骤，尤其是一开始准备实施的步骤。我们需要哪些工具和资料？如何得到这些工具和资料？小组成员如何分工合作？你的研究会带来什么成果研究，报告、实物，还是其他？导师的建议和鉴定等，其中实施计划是开题报告的主要部分。

研究背景即提出问题，阐述为什么要研究该课题的原因。

目的意义是指通过该课题研究将解决什么问题（或得到什么结论），而这一问题的解决（或结论的得出）有什么意义。有时将研究背景和目的意义合二为一。

成员分工应是指课题组成员在研究过程中所担负的职责。

实施计划是开题报告的核心部分，它主要包括研究内容、研究方法和时间安排等。实施计划要详细写出每个阶段的时间安排、地点、任务和目标、由谁负责。若外出调查，要列出调查者、调查对象、访问的专家、调查内容、交通工具、调查工具等。如果是实验研究，要写出实验内容、实验地点、图书资料、器材。实施计划越具体，越容易操作。

预期成果一般是论文或调查（实验）报告等形式，成果表达方式是通过文字、图片、实物和多媒体形式来表现。

2.开题报告的格式

一般用表格形式呈现，也可用其他方式表达。

3.撰写开题报告的注意事项

撰写开题报告一要注意可行性，二要注意科学性，三要注意过程性。

开题报告要详细、明了，研究方法和步骤要具备可操作性。实施计划要写得具体、翔实，各研究阶段时间安排要合理、充裕，课内时间一般用于选题、搜集资料、交流展示，而调查、实验、材料处理、论文撰写尽量安排在课外；若是实验研究要考虑重复实验，以排除偶然因素的干扰。研究方法的选择要根据课题内容、学生认知水平及教师的指导能力来确定。资料搜集和实验尽量在校内完成。开题报告要体现出立意新颖、结构严谨、行文流畅等特点。提出问题和目的意义要与预期结果相吻合；方案中各部分切忌张冠李戴；获得的信息资料和提出的观点要客观真实，经得起推敲。整个研究过程必须在开题报告中体现出来，如研究内容、研究方法、研究步骤（选题→开题→资料搜集→实施→结题→交流展示→研究后反思）和预期结果等等。

【案例1】

研究性学习课题开题报告

课题题目	中西式早餐对比研究	班 级	高一（2）班
指导老师	孙建国　焦峰　陆喜明　徐彩娥　吴志华		
课题组成员	王志刚　张子来　李添翔 陆杨　李思佳　张君　陈依	组 长	王志刚
主导课程	生物	相关课程	地理

简要背景说明（课题是如何提出来的）：

现在的高中生，尤其是重点高中的学生，学业压力非常大。然而身体是革命的本钱，身体不好，学习成绩也不会好。由于现在生活节奏的加快，许多高中生都忽略了自己的早餐。其实早餐是一日三餐中很重要的一餐，但由于各种各样的原因，高中生的早餐情况却让人不甚满意。我们这一代的高中生，无论从价值观或思想上都进一步与国际接轨。现在许多高中生不再拘泥于中国传统的早餐式样，他们中的一部分人非常喜欢甚至习惯于西式早餐。那么到底中式早餐与西式早餐各有哪些利与弊呢？哪个更有利于现在的高中生呢？我们就从中西方早餐的比较入手，郑重研究它们的品种、价值、营养、地域文化等问题，最终得出结论。

课题的目的与意义：

通过对目前我校学生的早餐情况的调查分析，指出一部分同学饮用早餐的不当之处，结合有关资料和调查结果，对中西早餐各自所具有的特点进行研究，取出两者的"精华"部分，向无论是喜欢中式或西式早餐的同学或向学校食堂提出一些合理性建议和改善方法，使我校学生的早餐能够既合口味，又有营养，从而使同学们有更充沛的精力来迎接更多的挑战。

活动计划：

（1）任务分工：总结论文：张君　　　　访问专家：李思佳　陈依　张君　李添翔
　　　　　　　上网：王志刚　李思佳　　　　　　　张子来
　　　　　　　其他采访：张君　陈依　　查书面资料：张子来　陆杨

（2）活动步骤：分三个阶段实施　　记录：李添翔

阶段	时间（周）	主要任务	阶段目标
一	2~3周	实地采访	获得实事信息
二	2周	资料查询	获得能借鉴的资料及专家建议
三	2~3周	成果汇总	探讨中西方早餐比较的结果，总结论文，提出有利于我校学生身体健康的早餐，发出倡议书

（3）计划访问的专家：校内2位，如地理老师、生物老师等
　　　　　　　　　　　校外_____位，如_____等

续表

（4）活动所需的条件： 　　　图书资料：如有关中式早餐、西式早餐的营养、种类、价格、地域文化的图书 　　　交通工具：如自行车、出租车 　　　其他：计算机上网	
预期的成果（论文、调研报告、制作模型、实验报告等）：论文、调研报告	
表达形式（文字、图片、实物、音像资料等）：文字、图片	

【案例2】

研究性学习课题开题报告

课题题目	热水器营销		班　级	高一（5）班
指导老师	叶成本　陈丽珍　唐惠忠　吴志芳			
课题组成员	郑墨藻　孔智力　陆圣轶　陈宏峰　顾炜		组　长	陈　佳
主导课程	政治（经济学）		相关课程	物理　化学

简要背景说明（课题是如何提出来的）：

随着人民生活水平的提高，热水器已经深入千家万户。由此热水器市场迅速发展，消费者对热水器的要求越来越高，热水器市场竞争日趋激烈。我们决定从热水器营销入手……

课题的目的与意义：

我们将通过对热水器市场的调查，了解各品牌热水器的市场占有率，综合分析价格、售后服务等因素对销售所起的重要作用，初步了解市场经济下激烈的竞争，最终提出一套较先进的经营理念。通过这次活动，我们的知识面将拓宽，交际能力将提高，书面表达能力也将更上一个台阶。在调查过程中，我们要发扬协作精神，运用发散性思维，圆满完成此课题

活动计划：

（1）任务分工：实地调查：全体　　　　访问专家：陈佳　郑墨藻　孔智力

　　　　　　　　上网：孔智力　陆圣轶　　查书面资料：陈宏峰　顾炜

　　　　　　　　总结论文：陈佳　孔智力

　　　　　　　　资料整理保管：陈宏峰　顾炜

（2）活动步骤：分五个阶段实施

　　　　阶段时间（周）　　　　主要任务　　　　　　　阶段目标

　　　一　　3～4周　　　采访中间商，对消费者　　　确立子课题

　　　　　　　　　　　　进行问卷调查

二	2周	资料查询，整理	完成开题报告
三	2~3周	访问樱花集团，小组讨论	了解樱花集团营销优缺点
四	8~9周	对中间商、消费者做进一步调查	了解热水器销售情况
五	3~4周	资料汇总整理，小组讨论	对樱花集团营销弊端提出建设性意见，完成论文

（3）计划访问的专家：校内3位，如政治老师、物理老师、化学老师等

　　　　　　　　　　　校外2位，如营销员等

（4）活动所需的条件：

　　图书资料：如关于热水器、营销方面的书

　　交通工具：如自行车、出租车

　　其他：计算机、照相机、扫描仪、打印机

预期的成果（论文、调研报告、制作模型、实验报告等）：论文

表达形式（文字、图片、实物、音像资料等）：照片、图表、演讲、多媒体

第五节　研究性学习步骤

一、对当前该课题研究前沿的了解

听取该学科领域中做出突出成就的专家学者介绍当前国内外该课题的最新成就，或者查阅该课题最新的报道或研究资料，目的是及时将自己推向科学发展的前沿，不仅开阔了研究视野，而且了解了当前该领域亟待研究的问题有哪些，别人已经做了哪些研究，得出了哪些成果，还有哪些方面他人未涉足，这都为自主研究做了准备。

二、收集、处理、分析资料

可以通过两个途径去获得所需要的资料：一是通过出版物（包括印刷品、影视媒体、光盘资料、网络资源等）获得；二是通过调查访问获得，还包括该课题科技情报资料检索等。从中了解和学习收集资料的方法；学会判断信息资料的优劣；识别对本课题研究具有重要价值的资料；学会有条理、有逻辑地

整理与归纳资料，发现资料间的联系；最后整理信息并进行判断，得出相应的结论。

各小组在研究过程中，根据计划，既分工负责各自的任务，又相互配合，体现分工与合作的统一。在整个研究过程中，指导教师为研究小组内的各成员提供咨询与研究指导，并负责对整个研究过程的监控。由于这是一门完全以学生研究活动为中心的课程，指导教师的监控仅体现在依据各研究小组所制订的研究方案定期检查研究进展情况，掌握和了解各小组的活动情况，及时解决发生的偏差和问题。此外，指导教师还将检查各小组的阶段报告（特别是中期研究报告），以便根据情况指导学生调整研究计划。

三、信息资料汇总

把收集到的资料和调查研究所得到的信息进行归类汇总，小组内或同学之间充分交流，并进行比较分析，思考哪些信息有用，还缺漏哪些信息，找出与研究专题相联系的信息材料。

四、形成成果，交流分享

在此阶段，要将取得的信息进行归纳整理、总结提炼，形成书面材料。成果的表达方式应多样化，除了按一定的要求撰写实验报告、调查报告以外，还可以采取辩论会、研讨会、搞展板、出墙报、编刊物（包括电子刊物）等方式，同时，还可以以口头表述方式向全班报告。通过交流、研讨与同学们分享成果，这是研究性学习不可缺少的环节，它能促使同学们进行深层次的思考和新知识的补充学习。

【案例】

高三（15）班的潘丹、韩璐、王斯韵等同学在陈嫱、梁振锋老师指导下撰写的《卷海拔岳挟潮来——台风对海南发展的影响及其防御措施》论文，其分工明确，安排合理，值得我们借鉴。

1.分工项目

责任编辑与分工项目

潘丹：（1）资料整理（录音、图片、采访记录）

　　　（2）采访记录分析

韩璐：（1）序言部分

　　　（2）资料分析（信息来源于省气象台、省"三防"办）

　　　（3）文字整合

王韵：（1）课题的确定部分

　　　（2）调查问卷分析

　　　（3）提出问题与解决问题部分

　　　（4）反思

全体：（1）主题方案计划

　　　（2）资料收集

　　　（3）所有采访和调查

　　　（4）调查问卷编写与统计

　　　（5）建议与进一步计划

2.活动记录表

活动时间、活动地点和活动内容

（1）2005 年 11 月底在学校共同确定课题

（2）2005 年 12 月初于学校在图书馆查询资料

（3）2006 年 1 月网上查询资料

（4）2006 年 2 月初步整理资料

（5）2006 年 3 月 1 日去 XX 广场发送调查问卷

（6）2006 年 3 月 1 日去省气象局采访气象台首席预报员陈俊岩同志

（7）2006 年 3 月 2 日去省防洪防汛防旱办公室采访"三防"办办公室副主任陈爱民同志

（8）2006 年 3 月 3 日—5 日在学校论文成文

（9）2006 年 3 月 5 日—12 日在学校逐步完善论文

研究性学习的研究方法

　　课题研究过程一般要通过搜集课题相关信息和信息处理两个基本过程来完成。在信息收集阶段，需要根据所选课题确定研究方法，明确研究方法的主要原则和一般步骤，以便得到研究所需要的有效的可靠信息。

　　根据所选课题的研究方向和结题要求，一般注重社会性、哲理性和文学性的课题常使用文献研究或社会调查等定性研究的方法，而注重实证性的课题则常采用实验—观察等定量研究的方法。

第一节　文献研究法

　　对绝大多数课题来说，文献研究是研究过程中必不可少的手段。在研究的开始阶段，查阅文献的目的在于：明确你要研究的领域的现状，了解他人进行了哪些探索；提供一些有用的研究思路和方法；把握研究过程中可能出现的差错和困难。对很多哲理性或文学性较强的课题而言，在研究过程中查找能够证明、说明和解决课题中提出的问题的关键资料，是完成课题研究工作的主要方法。

文献研究法的一般流程：

（一）确定与课题相关的关键内容

收集文献信息之前必须先确定课题的研究范围和研究关键，以便明确需要查阅的文献的范围。如果要查阅的问题过于广泛，查询的参考资料将会很多，其中将会有很多与课题无关。如果查阅的问题过于集中，又会使找到的资料过少，以致无法有效地组织材料来说明论点。

（二）寻找合适的文献信息来源

文献信息主要来源于图书资料、网络信息资源等。

获取文献资料时应该注意：一般来说印刷品形式的文献资料可信性较强，因此我们掌握一定的文件检索技巧很有必要。

有较大型图书馆的城市，研究者对关键信息尽可能采用文献摘录。在图书资料不够发达的地区，在网络上寻找信息资源是高效的信息获取手段，网络信息的记录也很简单。但网上信息非常庞杂，所以网上寻找信息时一方面要注意有效利用搜索引擎以提高效率，另一方面更要注意的是信息的筛选，即必须尽可能选择有权威性的、可靠的网站，尽可能选择有文献来源的网上信息，并对没有明确标明文献来源的网上信息的真实性做出判断。

（三）高效阅读和记录

要在有限的时间内完成文献信息收集的任务，就必须做到有效地选择要阅读的文献和有效地记录已阅读文献中的重要信息。

在搜集文献的过程中，要注意以下问题：

1. 阅读时要根据所确定的课题选择适当类型的科学文献深入阅读。

2. 由于基础知识的限制，有许多文献阅读起来会比较困难，应尽可能选择符合现有基础知识和能力的文献。

3. 要尽可能搜集新的文献，尽可能搜集第一手资料。

4. 既要注意搜集观点一致的资料，也要学会搜集观点不一致的资料。

5. 选择的文献资料不可过多，要考虑自身的时间和精力。

（四）对所得信息的判断和分析

通过搜集文献资料，我们知道文献数量巨大，质量参差不齐，所以必须对文献进行分析和鉴别，才能决定哪些文献可以作为参考资料。

文献质量评价就是对搜集来的原始文献进行质量上的评价和核实，筛选出课题研究需要的可靠的资料，即对文献资料的性质、真伪和价值做出判断。

文献质量的高低通常可以从作者、出版年代、内容以及他人对文章的评论和引用等几个方面进行评断。

文献研究法的一些技巧：

（一）怎样阅读文献资料

1. 浏览

找到资料后，首先用跳读的方法快速把资料大致浏览一两遍。

①看内容目录。

②翻阅正文。

③看文章、段落的开头与结尾，这里常有作者的总结性观点。

④看图形、图片、照片、照片说明等，看对你有没有帮助。

最后获得一个整体感觉——这些资料和你研究的课题有关系吗？它的问题、水平、难易程度、可读性适合你吗？

2. 精读

①选择和课题有关的内容，集中注意力仔细阅读，想象自己正在和这些材料对话。

②不时想想你要研究的主题的关键词和研究的问题，看看这些资料是否回答了你的问题，或者是否打开了你的思路。

③制作文摘卡片。

（二）怎样制作文摘卡片

为了便于对研究课题做进一步深入研究，同时也为撰写论文准备材料，在对有价值的文献进行阅读时要进行记录，网络信息的记录可通过复制、下载等手段存放到存储卡或硬盘、光盘等电子媒介上，文字材料则须进行文献记录。文献记录的主要方式是制作文摘卡片，阅读时一面思考，一面摘录。文摘卡片一般在文化用品商店有售。如果自行制作，可将卡片设置摘目按照实际需要进行调整，制作的卡片应当摘目齐全、使用方便、检索快捷。下面介绍一种通用的文摘卡片。

类别	文摘卡片编号
书 刊 名：	作　者：
出版单位：	出版时间：　年　月
研究课题：	
内容摘要：	
备　注：	年　月　日

在填写文摘卡片时应注意：

1. 书目项目要清楚、确实，以便结题时引用。

2. 文摘内容要结构严谨、语义明确、表述简明，忌发空洞的评论，不做模棱两可的结论。

3. 名词术语使用规范，尽可能不使用难以理解的缩略语（如确有必要，应在首次使用时加以说明），常识性知识要排除在外。

4. 实事求是，尊重原文，切忌舍弃引文的语言环境，截取其中部分内容来为你的论点服务。

（三）怎样撰写文献综述

筛选出课题需要的文献后需要做文献综述。文献综述是反映某一专题相关文献总体状况的综合性学术论文，一般包含以下四部分内容：

前言部分：主要说明写作目的，介绍相关概念、定义和综述的范围，扼要说明有关主体的现状或争论的焦点，使读者对全文要叙述的问题有初步了解。

主题部分：将收集到的资料进行归纳整理和分析比较，阐明有关主题的历史背景、现状和可能的发展方向。该部分写法多样，没有固定格式，可按年代顺序综述，也可按不同观点进行比较综述。

总结部分：对全文主题进行扼要总结，对所综述的主题提出自己的见解。

参考文献：文献综述的重要组成部分，表示引文的依据，而且为读者深入探讨有关问题提供了文献查找线索。

第二节　观察研究法

观察研究法是获取原始材料的最基本的方法，在自然科学、社会科学、日常生活和学习中都特别常用。是指人们有目的、有计划地通过感官和辅助仪器，对处于自然状态下的客观事物进行系统考察从而获取经验事实的一种研究方法。

一、观察研究法的分类

按照不同的角度，观察研究法可以分为不同的类型。

1.按照观察的情境条件来分，可以分为"自然情境中的观察"与"实验室观察"。

自然情境中的观察包括对自然行为的系统现象的观察以及偶然现象的观察。自然情境中搜集到的材料较为客观真实，但对观察对象本质上的东西把握不够。

实验室观察，是按照一系列严密的观察计划进行的，这种观察能捕捉到较为深层次的东西，有利于发现事物内在的联系。

2.按观察者是否直接参与被观察者所从事的活动，可分为"参与式观察"与"非参与式观察"。

在参与式观察中，观察者参与到被观察者的工作、学习以及生活当中去，与被观察者建立起比较密切的关系，在相互接触与直接体验中倾听和观察被观察者的言行。如直接参加学校、班级的活动，与老师一起探讨有关问题，随时向教师询问自己想了解的问题等。这样，观察者既是研究者又是参与者。

非参与式观察不要求研究者直接进入被研究者的日常活动，而是要求研究者以"旁观者"的身份来了解事物发展的动态。在条件允许的情况下，观察者可以采用录像的方式对现场进行录像。非参与式观察操作起来比较容易，也易于获得较为"真实"的资料。

二、观察研究法的一般步骤

1. 明确研究目的，制订观察计划。
2. 确定观察对象、观察内容，选择观察方法。
3. 备妥观察工具、实施观察计划。
4. 分析观察记录，写出观察报告。

三、观察研究法的要求

1. 要坚持实事求是的态度，尊重客观事实，避免主观偏见，以保证观察结果的可靠性。观察时要注意各种细节，并把观察的结果详细地、如实地记录下来，千万不要把观察到的现象与个人对现象的解释混为一谈；同时，应做到全面持久地观察，以获得广泛的、完整的可靠材料，如实反映客观事物的全貌，保证观察结果的可靠性。

2. 在观察过程中必须细心，要做观察的有心人。很多同学，正是因为能够细心观察，善于捕捉那些看起来似乎是偶然发生的现象，从而得到意外的收获。

3. 观察过程中要积极思考，善于思考。如果只有感官的观察，没有思考，你最多不过是一个观察的忠实记录者，不可能有所发现或获得某些规律性的认识。只有当观察者将观察到的事实与自己的经验和已有的知识联系起来，经过思维的加工、提炼，或由此提出某种假说，这时，观察才具有真正的意义。

【案例】

有位同学对物理特别感兴趣，在研究性学习中，归纳总结了"物理现象观察的方法"。方法如下：

（1）顺序观察法：按一定的顺序进行观察。

（2）特征观察法：根据现象的特征进行观察。

（3）对比观察法：对前后几次实验现象或实验数据的进行观察比较。

（4）全面观察法：对现象进行全面的观察，了解观察对象的全貌。

他用这些方法成功地对蓄电池故障现象进行了有效的观察，通过归纳总结完成了《用观察法诊断蓄电池故障》一文：汽车用铅蓄电池常常会出现容量降低、自放电、电解液消耗过快等故障。对于这些故障，可用观察法来诊断。首先检查蓄电池外部。外壳应无大裂缝、无渗漏，电解液外溢会导致液面过低，还会导致蓄电池容量降低。表面应清洁，极柱无腐蚀，正极引线（火线）应绝缘良好，否则会产生自放电现象。接头应无松动，接地应牢靠，否则输出阻抗增大，也会降低输出功率。接着打开前大灯检查，如灯光白亮，则表明蓄电池正常；如果灯光红暗，则表明电力不足。再接通起动机。如果起动机转速正常，灯光虽稍变暗，但仍有足够的亮度，则说明蓄电池良好，充电较足；如果起动机显得无力，且灯光变得很暗，则说明蓄电池过度放电，应立即充电；如接通起动机时，灯光暗淡，且发动机旋即熄火，则说明蓄电池放电已经超过极限或极板已经严重硫化。如果充足电的蓄电池第一天使用良好，经过一夜再使用便感到缺电，则说明电路或电池内短路或有严重自放电现象。经过上述初步检查后，还应观察电解液液面高度。必要时补充蒸馏水。如确认电解液流失，则应补充相应密度的电解液。对于蓄电池的故障，一旦发现就应予以排除。蓄电池外壳有裂缝、渗漏，应将其拆下来进行修补，否则会导致蓄电池过早报废，还会严重腐蚀其他汽车部件；贮电不足的蓄电池，应及时充电；内部存在自放电或极板重硫化的蓄电池，应拆下检修。如果问题严重，应考虑换新。

第三节　调查研究法

客观事物纷繁复杂，有些客观现象不能完全被我们直接观察到，或者我们不能用实验方法进行研究，这时就常常需要用间接的方法去搜集资料、获得信息，以便进行研究。调查研究基本上不受时间、空间的限制，研究涉及范围广，搜集资料速度快、效率高。

调查研究法可根据调查手段不同分为问卷调查法、访谈法等，下面分别加以阐述。

一、问卷调查法

问卷调查是以书面提出问题的方式搜集资料的一种研究方法。研究者将所要研究的内容编制成问题或表格，以邮寄、当面作答或者追踪访问等方式交由调查对象填写，从而了解被调查者对某一现象或问题的看法和意见，因此，问卷调查法又称问题表格法。

问卷调查的优点是省时高效；样本范围大，因此研究偏差较小，结果也便于统计处理与分析；由于不需署名，往往可以获得直接访谈不容易获得的某些资料。其缺点是问卷回答的准确性容易受到多种因素的干扰（如答题人对待问卷的态度等），另外在问卷调查中研究者很难对感兴趣的问题做深入探究。

问卷调查一般遵循以下流程：

1.问卷设计

问卷的设计过程，是研究者根据调查研究的目的和需要，编写问题和形成问卷的过程。问卷设计包括以下步骤：

①依据课题确定需通过问卷调查来搜集的信息，并根据问题确定问卷的调查对象。

②列出问卷调查所需研究问题的纲要，确定问卷类型。

③在明确了变量与变数后，我们可以采用不同的提问方式提出问题，通常是把变量以问题的形式表述，而有关的变数则作为限制性答案以列举的形式来

表述。答案的表述方式尽可能采用画圈、打勾等选择形式，不要要求被调查者书写过多，以免因占用调查者较多时间而使其失去填写问卷的兴趣。

④在完成了问卷编制后，不宜立即分发，而应该在小范围内进行一次试测，通过试测检查问题是否能被调查者理解，所列举的限制性答案是否完善。通过试测发现问题，及时修订。至此，问卷的编制工作完成，可以按计划发放问卷，进行正式调查。

2.问卷调查实施

（1）应发放问卷数的计算

对于问卷调查，我们必须考虑两个因素。第一是问卷的回收率，即发出问卷后，经被调查者填答并能被研究者收回的问卷数和发出问卷数的比率。回收率的大小与问卷的发放方式与问卷设计质量有关。第二是问卷的有效率，凡未作回答或者不按要求填答，都属于无效回答问卷。

（2）问卷的分发与回收

问卷的分发方式有多种，在研究性学习的课题研究中最常用的有两种方式。

①集中填答式

研究者亲自到被调查对象的单位，把调查对象集中起来，由研究者向被调查对象说明调查的目的和填答问卷的方法，被调查者即时填答，然后由研究者把问卷收集起来。这种方式的回收率可高达100%，有效率也高，但耗费人力、时间，只适用于特定的场合，如对在校的学生、教师进行调查就常用此法。这种方式被调查者的填答容易受研究者的主观因素的影响。

②专人递送式

研究者派专人将问卷送给选定的调查对象，待被调查者填答完后，再派专人收回问卷。这种方式的问卷回收率达90%以上。但由于被调查对象过于集中，范围较窄，代表性较差；而且由于过于集中，被调查者之间可以互相询问、互相影响，回答结果容易失真，甚至可能出现请别人代答的现象。

为了取得较好的研究成果，通常可以两种方式同时并行结合使用。

除了上述两种方式外，还有邮寄投递式、报刊问卷和网上问卷等方式。

③对回收问卷的审查

对于回收的问卷必须进行认真审查，一些回答不完整、不按要求回答和回答不正确的问卷都应作为无效问卷。在对问卷数据进行整理加工时，不能把无效问卷的数据算入，否则会降低研究的可靠性和准确性。对问卷的数据处理，必须建立在问卷有效的基础上，这样才能保证问卷调查结论的科学性。

3.问卷数据汇总分析

问卷回收后，应着手进行问卷数据的汇总和分析，包括将问卷调查结果转化成数据表和统计图并加以分析。

问卷调查注意事项：

（1）问卷问题设计的基本要求

①问卷调查是通过问题和被调查者沟通的，因此，应尽可能使问题易于理解和回答。

②除少数为背景信息设计的题目外，其余题目必须与研究的问题和假设直接相关。

③题目要用词清楚、准确、简短，不使用易于产生歧义的语句和过于专业化的术语。

④题目尽可能简单，一个题目中只能包含一个问题。

⑤不使用有倾向性的词语，不使用否定句式表述问题。

⑥有些问题对于被调查者来说可能是敏感的或威胁性大的，对于这种问题应在文字表述上尽可能减轻敏感程度和威胁性，以便使被调查者能够坦率回答。

⑦题目的选择答案应具有排他性。

（2）问题的提问技巧

填答者往往希望自己的回答是可接受的，能得到社会认可的，而不愿意选择那些看起来就是违反社会规范或易于受到他人指责的答案，若问题提问不当，则拒答率很高，并容易使被调查人不合作。下面介绍三种常见的提问技巧。

①假定法（又称虚拟法）：不直接提出问题，而是假定一种情境，要求被调查者在该情境下回答问题。

例：调查班集体凝聚力

假定允许自由选择班级（座位），你会继续留在原班级（座位）吗？

例：爱心奉献调查

假如你们学校有位与你素不相识的同学遭受不幸，你愿意捐赠多少钱？

②释疑法（又称消虑法）：引用普遍性事实，即通过提示问题的普遍适用性，使问题看起来是中性的，从而消除被调查者的顾虑。

例：你玩电子游戏吗？一周几次？

改为：电子游戏是青少年喜欢的娱乐活动之一，你平均一周玩几次？

例：你是否曾经有过抄袭作业的情况？

改为：现在不少学生有抄袭作业的情况，这种情况你是否也有过？

③人称转移法（又称间接法）：提出问题后先提供其他人的回答，然后要求被调查者对于其他人的回答进行评价，被调查者以第三人称的身份来回答问题，使问题涉及"一般人""有的人"，而非调查对象本人。这样有一种缓冲的作用，有利于提高敏感性问题的回答率。

例：你抄袭作业吗？

改为：有位同学作业来不及做或不会做，他该怎么办？

A.抄别人的，交差了再说

B.抄了以后还应问明白，直到自己会做为止

C.不应该抄，应向老师说明实情

（3）对问卷进行编排

问题排序时应注意：

①先易后难。一开始的问题应是关于一般事实的问题，敏感的问题应放在试卷的最后。

②按一定逻辑顺序排列问题。

③为了便于回忆和联想，可先以启发性的问题作为铺垫。

④问题排列应便于调查后的资料整理和分析。

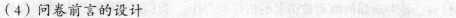

（4）问卷前言的设计

前言一般包括：

①开头称呼

②调查的目的和意义

③对被调查者的期望和匿名的保证

④填答说明

⑤致谢

⑥调查者的身份或组织名称、时间

二、访谈调查法

访谈，就是研究性交谈，是以口头形式，根据被询问者的答复，搜集客观的、不带偏见的事实材料，以准确地说明样本所要代表的总体的一种方式。

访谈调查法的优点：灵活多样和方便可行，引导被调查者深入交谈可获得可靠有效的资料；团体访谈，不仅节省时间，而且与会者可放松心情，做较周密的思考后回答问题，相互启发影响，有助于对问题进行深入了解。

访谈调查法的缺点：样本小，需要较多的人力、物力和时间，应用上受到一定限制。另外，无法控制被调查者受研究者的种种影响（如角色特点、表情态度、交往方式等）。所以访谈法一般在调查对象较少的情况下采用，且常与问卷法、测验等结合使用。

为了确保访谈效果，访谈前要做好充分准备。拟订好访谈方案，途中要注意交通安全，注意访谈技巧，并适时记录。访谈的流程：

1.制订访谈计划

谈话要遵循共同的标准程序，避免只凭主观印象不切实际地访谈，或谈话者和调查对象之间毫无目的、漫无边际地交谈。关键是要准备好谈话计划，也就是说要事先做好如下准备：①谈话进行的方式；②提问的措辞及其说明；③必要时的备用方案。另外，访谈前尽可能收集有关被访者的材料，对其经历、个性、地位、职业、专长、兴趣等有所了解；要分析被访者能否提供有价值的

材料；要考虑如何取得被访者的信任和合作。我们可以通过拟访谈提纲的形式
来完成这一步骤。

研究性学习课题小组采访提纲

访 问 者		班 级	
采访时间		采访地点	
被访对象	姓名、性别、职业、年龄等	采访形式	
采访主题			
问题设计			
采访记录			
事后感想			

访谈经常会出现的问题是，调查者总想跳过制订谈话计划这一步而直接进
入具体实施阶段。要知道事先准备不充分不能收到预期效果。一个不愿思考
问题、不善于提出问题的人，在研究工作中是很难取得成功的。

2.约见访谈对象

制订好访谈计划以后，就要确定访谈对象。如果必要或可能的话，就和访
谈对象预约好，以使访谈计划顺利进行。

3.实施访谈计划

在实施访谈计划时，访谈者要熟练地掌握访谈技巧，诸如：选择合适的
访谈环境、制造愉快的访谈气氛、使用恰当的复述、正确运用记录、对涉及
个人隐私和被访者羞于开口的问题要妥善处理、对被访者的回答要进一步探
索等。

在访问过程中，如何开始访问是一种艺术。为了创造有利于访问的气氛，
对被调查者要表示礼貌。在进入正题之前，可以先谈谈调查对象较熟悉的事情，
以消除其拘束感，然后不知不觉地把话题引向调查的内容，而不要一开口就提
问问题。访谈开始时，调查者提问的速度应相对慢一点，以使被调查者有一个

逐步适应的过程。在访问的过程中，调查者要始终注意控制访问的进程。要通过提问、插话以及相应的表情和动作，达到控制访问的目的。比如当被调查者的话题扯远时，可以适时地、礼貌地通过插话和转问来控制。同时，调查者的表情要适应被调查者回答的内容，要根据被调查者回答的情绪做出相应的反应。

特别要注意的是，提问时调查者要面向被调查者，目光要直接与其交流，不要只顾自己低头照着问卷念问题，全然不看被调查者；提问的语气要平和、语意要表达清楚，要以平常人们交谈时的方式进行陈述和提问。被调查者回答问题时，调查者要专心听讲，不能左顾右盼，以免影响被调查者谈话的情绪；也不能只顾低头记笔记，忽视被调查者的存在。要准确理解被调查者回答的内容，迅速地、认真地在问卷上做出相应的记号。总之，要主动地用口，恰当地用眼，专心地用耳，熟练地用手。

4.告别访谈对象

访谈结束后，应该对被访者表示谢意，要给被访者留下良好印象，以期再次访谈时能得到其真诚配合。

第四节　实验研究法

实验法是学生根据研究性学习的需要，利用一定的仪器或设备，人为地控制、干预或模拟自然现象，使某一事物（或过程）在有利于观察的条件下发生或重演，从而获取科学知识、探索自然规律、学习科学方法的一种研究性学习方法。

一、实验研究的基本步骤

虽然并不是所有的实验都遵循相同的步骤和顺序，但其基本模式大多都与下列描述相近。

1.观察现象

我们的生活中存在很多有趣的现象，认真观察生活中的这些观象，你会有意想不到的收获。张衡观察到天体的运动，发明了地动仪；达尔文观察到各种不同的生命现象，写出科学巨著《物种起源》。很多科学结论和发现都是从生活观察中得出的。

2.提出问题

科学探究常常起始于非常普通的事。由观察而提出问题反映出你的好奇心。你所提出的问题应该是能够通过实验回答的问题。例如："纯水和盐水哪一个结冰更快？"就是一个可以通过实验收集信息并给予回答的问题。

3.做出假设

假设是对实验结果的预测。和所有的预测一样，假设是建立在观察和以往的知识经验基础上的。但与许多预测不同的是，假设必须能够被检验：假设常常是以一种"因和果"的关系来表述的，严格的假设应该采用"如果……，那么……"的句式。例如，"如果把盐加入纯水中，那么盐水就会需要更长的时间才能结冰"就是一个假设。这样的假设其实就是对你所要进行的实验的一个粗略概括。

4.设计及实施实验

上述的假设正确吗？接下来需要设计一个实验，在计划中应该写明详细的实验步骤，注意单一变量原则和对照原则。

【案例】

在实验中要遵循单一变量原则。在观察"纯水和盐水哪一个结冰更快"的实验中，往水里加盐的量就是单一变量。而其他的因素，比如水的量、起始的温度都应保持相同。往水里加入盐的量是自变量，水结冰所需的时间是因变量。

操作实验步骤（参考）：

（1）在3个相同的容器中分别加入200毫升冷自来水。

（2）容器 1 中不加盐；容器 2 中加入 10 克盐，充分搅拌；容器 3 中加入 20 克盐，充分搅拌。

（3）把 3 个容器同时放入冰箱。

（4）每隔 15 分钟检查一下容器的结冰情况，并记录观察结果。

5.结果分析

实验中得到的观察和测量结果称为数据。实验结束时需要对数据进行分析，看看这些数据是否存在什么规律或趋势。如果能把数据整理成表格或者图表，就能更清楚地看出其中的规律。要认真思考这些数据说明了什么，能不能支持你的假说，是否指出了你实验中存在的缺陷。

6.得出结论

结论就是对实验研究的总结。在你下结论的时候，不但要确定收集的数据是否支持原来的假说，还要对实验重复好几次，才能得出最后的结论。而这个结论往往会使你发现新的问题，并导致新的假设和新的实验。

【案例】

观察现象：夏初，李丽同学观察到很多人的衣服上爬有虫子。

提出问题：虫子最喜欢什么颜色？

设计完成实验：拿赤、橙、黄、绿、青、蓝、紫七种颜色的卡纸各一张（大小相同），涂上胶水，在晴朗的白天置于野外相同的环境中 5 小时，统计 7 张卡纸上的小虫数目。

实验结果：黄色卡纸上的虫子最多（其次为橙色和绿色）。

实验结论：虫子最喜欢黄色（其次为橙色和绿色）。

二、实验研究的一般流程

第一步：实验设计
明确实验目标和内容（做什么）

确定实验原理（理论上怎样做，可有多种途径供选择）

收集相关实验资料（为什么这样做，选择最佳途径）

选择实验方法（准备怎样做）

落实实验用品（仪器、设备、药品、材料等）

设计实验过程（实验步骤、实验现象、实验数据记录等）

安排实验时间

对实验结果做出预测和评价（做得怎样）

第二步：实验操作

严格按照实验设计进行（严格控制变量）操作

及时、准确地收集实验资料（保存好原始记录）

第三步：整理实验资料，分析实验结果，得出结论

第四步：分析实验结论（数据的误差分析、实验过程的反思）

科学实验记录表

课题名称					
实验者		实验日期		地　点	
实验目的					
实验原理					
实验材料用具					
实验步骤					
数据处理					
实验结果					
结论（实验是否成功，是否达至目的，解决、论证什么问题，得到什么结果等）					

记录者：

实验指导老师（若有）：

第五节　制作研究法

制作法是指导同学们利用一定的材料和工具，通过实际操作独立地完成某种实物作品的研究性学习方法。制作法多用于研究性学习发明项目设计活动中，在培养学生的实际操作能力方面有着重要的作用。

采用制作法开展研究性学习活动时应该注意的几个问题是：

一、要由同学们独立完成制作任务。采用制作学习法开展活动，成败的关键是同学们是否能自己开动脑筋，动手解决问题。任何一件像样的作品，从设计到完成都不会是轻而易举的，不仅需要刻苦钻研的精神，更需要巨大的韧性和耐力。现在的年轻人动手能力普遍较差，又缺乏劳动的锻炼，更增加了制作活动的困难程度，加之制作活动初期，往往会有一些简单枯燥的重复劳动，更会使人感到乏味，以致产生"厌战"的情绪，这就要求教师要想方设法鼓励同学们的勇气和信心，激发他们的积极性和创造性，千方百计地独立完成确定的制作任务。

二、掌握操作技术，使作品精益求精。制作作品，光有好的设计方案不行，还要依靠技术使方案变为现实。熟练地掌握操作技术，是顺利完成制作任务的先决条件。在研究性学习活动中采用制作法时，要把相应的技术培训纳入活动计划，使青少年学会简易工具和一般仪器的使用和操作。为确保制作活动安全有效，教师在培训阶段还要向青少年传授技术，交代各种工具和仪器的性能、操作规程和安全注意事项，使他们一开始接触工具和仪器就养成良好的工作习惯和工作作风。在制作过程中要坚持一定的质量标准，并严格要求，以较高的质量和工艺完成制作任务。在保证作品牢固可靠的基础上力求美观、耐用。要加强检查，发现问题及时指出和纠正，宁可慢些，也要做好。作品完成后，要按质量标准予以验收。

研究性学习成果表述与交流

成果表述的形式多种多样，同学们可以通过文字、模型、图片、声像等写成研究报告、做成实物模型和多媒体课件。学生要根据不同课题研究内容，选择恰当的形式。成果表述形式应为内容服务、为观点服务，做到简洁生动，有说服力，忌华而不实、空洞无物。

第一节　成果表述的几种形式

一、调查报告

调查报告是就课题领域中某一问题的实际调查写出的，是以反映事实情况，提出问题或对策为内容的书面报告。按照内容分有总结型经验报告、反映情况的调查报告、揭露问题的调查报告和反映新生事物的调查报告等。

调查报告的结构一般分为四部分：标题、前言、主体和结语。

1. 标题常见有三种：一是一般文章标题的写法，这类标题概括了作者调查报告的基本内容或结论观点，如"花园口黄河湿地的考察"；二是介词"关于"＋调查对象和主要事由"调查研究"，如"关于微量元素与人体健康的调查研究"；三是正副标题的写法，如"关注被遗忘的弱势群体——城市流浪乞讨现象的探究"。

2. 前言的写法灵活多样，可简要说明调查缘由、对象、内容等，或交代调查对象的概况和主要经验，使读者对全文内容有概括的了解。文字应简明扼要，有所侧重，不可面面俱到。如《关注被遗忘的弱势群体——城市流浪乞讨现象的探究》调查报告的前言：在城市经济飞速发展的今天，农村大批劳动力涌入城市，社会贫富差距逐步加大。在人们关注的视线之外有一群生活在社会低层甚至社会底层的弱势群体——城市流浪乞讨人员。流浪乞讨现象的产生反映了一系列的社会问题，也带来了许多隐患，但至今没有得到良好的解决。基于对社会的关注和责任感，课题组成员进行了为期半年的城市流浪乞讨现象的探究，并将成果以论文形式呈现。本论文主要从制度和社会道德两个基本角度展开，我们认为解决流浪乞讨现象的重要途径是建立完备的救助体系，将救助落实到社会的各个方面。当前，相关部门、基层单位应完善制度、加强协调、改进管理措施，加大救助工作的深度和广度。此外，应广泛呼吁社会各界共同关注并参与社会救助。社会上普遍存在的趋强避弱、人情冷淡的文化心理及社会道德的滑坡，对流浪乞讨人员的管理工作更产生了消极的影响。在论文中，我们对社会现状、现行制度、社会道德与文化价值进行分析，找出问题症结所在，并提出尽可能合理的建议。关注并帮助被遗忘的弱势群体——城市流浪乞讨人员，促进社会和谐发展。

3. 主体。将调查得来的有价值的材料从内容出发合理安排，作者所做的分析评判，按一定逻辑顺序进行表达。一般来说，在篇幅上以说明调查情况为主，必要时也可做细致的分析议论。

4. 结语。这是结论部分，形式上无更多的要求。以自然收束为上，可以总结全文，得出结论；可以精辟地议论，深化主旨；可以提出不足或存在的问题；也可以提供有益的建议，更可以提出发人深省的问题，应写得干净利索，不可拖泥带水。如《关注被遗忘的弱势群体——城市流浪乞讨现象的探究》调查报告的结语：解决城市流浪乞讨人员的管理问题已成为一种社会责任。对这类弱势群体的帮助，不是要扩大这个群体的"势力"，而是增强这个群体的"实力"，让这种弱势逐渐消失。我们在希冀相关法律法规不断进行完善、相关政府部门的管理更加全面的同时，应真正从社会成员的角度去关注、帮助这些流浪乞讨人员，这是一种文明社会的公民应有的表现。我们更希望我们所做的事情能成为一条纽带，连接弱势群体和社会大众的心灵；

能成为一座桥梁，沟通人与人的关爱与信任；能成为一扇大门，打开社会美好全新的未来。

二、论文

论文的结构形式是多种多样的。但与一般议论文相同，有它的基本形式，即序论、本论、结论三段式。

1. 序论也叫前言、引论、绪论等，是文章的开头，大致包括：说明选题的背景、缘由、意义以及研究目的。应注意明确提出问题，揭示文章的观点，通常可采用开门见山的写法，要抓住读者，使读者发生兴趣，尽量简洁有力，避免喧宾夺主，结构不匀称。

2. 本论为主体部分。内容多、篇幅长，下笔前应做好计划，拟出提纲，安排好结构，可按照逻辑顺序来安排中心，分几个小论点，使之条理清晰。

3. 结论是收束部分，包括提出论证结果，指明进一步研究的方向，提出具体建议，对其可能产生的影响做出实事求是的说明、估测。

三、实验报告

实验报告是对整个实验过程进行全面总结，提出一个客观的、概括的、能反映全过程及其结果的书面材料。其报告的组成部分有：

1. 题目：除简练、明确外，还要反映出实验研究的特点。

2. 背景说明：要揭示实验的背景、目的、意义。

3. 实验方法：应交代怎样选择实验对象；实验的组织类型是单组、等组或是轮组；测量标准；实验步骤。

4. 实验措施：自变量包括哪些内容；用什么方法控制了哪些无关因素。

5. 实验结果：这部分是实验报告的关键，最重要的是提出数据和典型案例。数据要核实准确，注意用图表的正确格式，用统计检验来说明自变量与因变量的关系，要有典型案例，使实验更有说服力。

6. 分析与讨论：由实验结果回答篇首提出的问题；对结果进行理论上分析

与论证，是否在理论上站得住脚，或对发展理论有何意义；把实验结果与同类研究相比较，找出得失成败，对实验中有争论的问题提出见解；本实验有待深入研究的问题和不足之处。

7. 结论：是对整个实验的总结，并回答实验提出的问题。下结论要谨慎，结论适用范围应同取样范围一致。

四、经验总结

经验总结主要指能反映规律的实践经验和认识经验，更偏重实践中的做法和亲身感受。经验总结要体现三性：实践性、概括性、个性。

经验总结的类型大致分汇报式、报告式、理论式。具体写作格式如下：

1. 题目：题目是总结内容的高度概括，或是总结内容的重点说明。可以是专题经验总结，也可以是对某一阶段全部工作的回顾。要找出其中成效最大、印象最深且富有新意的东西，从中确定总结的题目。

2. 引言：没有固定的表达方式，大多以精练简洁的语言交代本篇经验总结的背景、写作目的、意义、指导思想、取得的重要成果等。

有四种写法。①介绍背景：作者总结的缘由、时间、环境、内容提示。②单刀直入，提出需要解决的问题。③介绍课题研究的成绩和效果。④综合上述三种写法。

3. 正文：围绕经验总结的主题将材料组织好，可在文中放若干个小标题。每个问题的中心内容都要鲜明，大问题所包含的若干小问题要层次清楚，重点问题要说详、说清、说透。既要罗列典型事例，又要分析研究，并加以理论概括，使人在思想上受到启迪，工作上可供借鉴。

4. 结尾：对正文的表述再一次概括，是经验总结的结晶和精髓。要通过正文的典型材料分析概括出结论，要从大量事实中找出规律性的东西，要指出进一步探索的前景。措辞要严谨，逻辑要严密，结论要明确，以收画龙点睛之功效。

五、实物展示

一件"小发明"创作出来，除了展示实物，还要书写说明书。说明书的书写一定要规范，而规范的标准就是申报专利文本中规定的说明书格式，一般内容包括：

1. 名称。

2. 所属技术领域。

3. 背景技术。

4. 发明目的。

5. 技术方案。

6. 有益效果。

7. 图面说明：附图是一件"小发明"作品不可缺少的组成部分，附图绘制得标准与否直接影响着对说明书文字部分的描述是否能够使他人清楚明白，因此，绘制附图就要结合发明实体能够更加直观化地反映出发明的每个技术特征和整体技术方案，一般要求是：

①纸张有一定厚度；②附图在纸张上的合理位置；③线条在不同地方上的明暗、虚实、粗细；④整体、局部、剖面等不同地方的表现形式；⑤尺寸比例；⑥阿拉伯数字顺序编排记载；⑦结构名称等。

8. 实现发明的最佳方式等方面。

通过上述方面的书写练习及实践应用，学生不但对发明技法更进一步熟悉掌握，而且还为将来申请专利时书写文本打下一定的基础。

【研究报告案例】

课题名称： 自动抽水控制系统

指导老师： 袁勇

课题小组组长： 黎明晶

课题研究小组成员： 黎明晶　卢传和　符芳岛　冼世悝　陈龙

课题研究目的： 通过课题研究增强小组成员的团队精神和合作意识；合作探究市场上没有的、廉价的、实用的民用自动抽水控制系统并制作出来，而后根据实验不断改进。

课题提出理由：经调查分析，我们发现：市场上出售的用于水塔抽水、水池抽水同等的自动抽水控制系统的设计过于复杂，所用零件多且昂贵造成不能普通推广，并且我们开始以为我们完全可用数个廉价的三极管设计出实用、廉价、独创性的自动抽水控制系统，故提出该研究课题。

课题研究过程：首先大家一起对市面上已有的自动抽水控制系统的性能进行评价，找出需要改进的地方：电路复杂，维修困难，成本昂贵；并且找出它的工作原理，吸取精华，去其糟粕，在这两种工作基础上长期不懈地一起讨论—设想—设计—优化设计—模拟实验，最终设计成功一个最优化的理想设计图，它能解决我们发现的已有产品的问题。其次，我们把设计转变为实物成果。其中黎明晶充分发挥组长作用：比较市场上不同零件的性能，择优选择，确定类型后分配任务让组员分头购买合适的零件。利用假期，我们购买了万用电表、电烙铁等电工用器，返校后利用课余时间持续尝试了一个多星期，最终安装成功。最后，我们反复实验，检查缺陷，不断改进并让指导老师袁勇等观摩并提建议，再用几个星期改进、定型。

课题研究小结：首先，此次研究历时四个月，由当初一个简单的设想出发，不懈努力，再败再战，最终制成了优越的、理想的自动抽水控制系统：电路简单，维修方便，耗电少，并且价格低廉（市面上的该自动抽水控制系统零售价为 50 元，而我们的手工制作成本才 25 元，预计若投入工业化生产成本只在 10 元左右，利润空间巨大）；制成后曾被选拔参加海南省科技创新大赛，荣获二等奖。其次，通过这次活动，大家的动手能力均得到提高，团结合作意识和态度得到加强，为以后的个人发展起到积极作用。所以，这次课题研究是成功的、有积极意义的。

【调查报告案例】

关于父母与孩子间沟通情况的调查报告

一、问题的提出

当今社会独生子女家庭比较普遍，代沟现象日益严重。父母与孩子之间往往存在着一层"隔膜"，使得沟通出现障碍。这是个不容忽视的问题。所以，我们就此问题进行研究，以便能够更深入地了解这一社会现象，引起同学们对此问题的关注，从自身方面尽量去解决问题。

二、调查方法

1. 以问卷调查的形式，对我校学生进行抽样调查。
2. 上网搜查相关资料，了解社会中的情况。
3. 对教师进行访问，听取他们的看法和建议。

三、资料整理

通过对我校学生及教师的一系列调查和访问，我们获得了重要的文献资料和数据如下：

45%的学生与父母存在代沟；

33%的学生与父母处于较稳定状态；

22%的学生与父母相处融洽。（此次参加人数约有 700 人）

四、结论

综上所述，我们知道由于父母与孩子双方都不主动交流或找对方谈心，使得相互间的了解少之又少。同时，由于双方年龄上存在差距，观念不同，从而引发了矛盾。

五、建议

希望我们的父母们能够适时地关心一下自己的子女。这不仅是指对孩子们物质上的满足，也是心灵上的抚慰，用一位受访者的话来说："家庭暴力、过度的关爱、过多的唠叨都会在交流中起反作用；反之，沉默的鼓励，感动的目光，'眉目传情'可起到很好的作用。"当然，作为子女的我们也要站在父母的立场上多为他们着想。想一想父母工作的艰辛，想一想他们流下的汗水，想一想当我们挨批评时，我们是不是有错在先。所以，我们希望父母和孩子之间能够建起一个沟通的平台，让大家尽情地沟通、交流，把心中的所想、所感全部畅述出来，将矛盾化为一缕清烟随风而散。

六、本课题存在的问题

由于客观条件的限制，我们只对我校部分师生进行抽样调查，所以本课题研究存在一定的局限性，不能全面地反映社会生活中父母与孩子间的沟通情况。

【研究论文案例】

中学生上网的利与弊

引论：网络的出现带给我们中学生的好处是不可忽视的。然而，也有些商家为谋取不正当利益，在网络里发布一些有害于中学生身心健康的信息，给中学生健康成长带来了危害，甚至造成了严重的后果。中学生如何正确地对待网络资源，一直是人们所关注的问题。

正文：网络，一个科技发展的产物，也是信息时代的标志，作为中学生，理所当然应对其进行追求探索。

这尽管是一个虚拟的空间，但它的方便、快捷、灵活等多种优点，拓宽了我们的知识面，给予了我们遨游的空间。它的出现改变了我们传统的思维方法，在生活中给予了我们极大的帮助。各学校开办的远程教育网为大家提供了学习的新渠道。目前在我国教育资源不能满足需求的情况下，网络拓宽了我们的学习领域和空间，为学习者创造了更为自由的学习平台。它不但有利于中学生身心的健康发展，而且有利于家庭和社会稳定，开拓了中学生全球视野，提高了中学生综合素质。上网使中学生的政治视野和知识面更加开阔，从而有利于提高人际交往能力。通过在网上阅览各类有益图书，可以触类旁通，提高自身文化素养。

但又有许多人认为中学生上网弊大于利。的确，网络是个复杂的事物，它充满了各种各样的信息，像反动、暴力、黄色这些垃圾信息太多了，很多学生难以抵御网络诱惑。据有关部门和专家调查，网上信息 4.7% 是色情信息，六成左右的中学生在网上无意接触到黄色信息，有些非法组织或个人也在网上发布扰乱政治经济的黑信息蛊惑中学生……这些垃圾信息将弱化中学生的思想道德意识，污染中学生的心灵，误导中学生的行为，对于自制力较弱的中学生来说，网络具有较强的吸引力。据联合国教科文组织的不完全统计，以学习为主要目的的上网学生，美国占 20%，英国占 15%，中国占 20%。这充分说明了部分学生的自制力还不足以抵制网络不良信息的诱惑。

结论：总而言之，中学生上网总会存在利与弊之分，但网络的利是远远大于弊的，就看我们如何去对待。丰富多彩的网络世界增长了我们的见识，加快了社会前进的步伐，它给我们生活带来前所未有的方便和快捷。

第二节　成果的演示和答辩

在结题阶段，研究者把自己的研究成果和所做的工作明确地告诉别人，与他人进行广泛的交流，即进行成果的演示和答辩，是研究性学习的重要环节。通过演示和答辩可以使研究成果产生辐射作用，体现其研究价值，同时还可以训练学生的口头表达能力，全面提高学生的素质。

一、了解成果演示和答辩的基本程序

成果的演示和答辩应该包括这样几个步骤：首先指定一名课题组成员作为主讲人，由他向大家介绍本课题组的成员。然后在指定的时间内，由主讲人向大家演示课题研究过程和研究结果，其中包括课题研究的目的、研究方案的设计、资料的获得、成果的产生、资料索引、课题研究过程中涉及的科学术语，以及自己在研究工作结束后的反思所得。在最后的答辩阶段，班级课题指导教师针对学生研究的课题提出有关问题，学生对提问进行现场答辩。

二、制作演示报告

对于中学生来说，能够站在大庭广众面前非常自如地发表自己看法的人是为数不多的。所以在进行成果演示之前应该认真准备演示报告，一个好的演示报告会减轻演讲人很多精神负担，那么制作演示报告应该注意哪些问题？

1.材料展示要充分、翔实

材料是支撑观点的依据，材料展示得充分与否直接影响到对课题的论证，所以对于课题研究过程中搜寻到的材料要向大家充分展示，而且每条材料都要说明是通过什么途径获得的，材料展示得充分、翔实是成果演示成功的关健。

2.材料展示要直观、形象

制作演示报告必须遵循既要易于听众理解，又要方便自己讲解的原则，所以对材料要做适当的处理。如对于一些数据资料要尽量制成图表，使人看起来一目了然。外出采访、社会调查所得的材料要尽量配以采访照片、录音等，以增加材料的可信度。语言难以表达清楚的东西可以借助实物展示来说明。

3.材料与观点要有机统一

材料是为观点服务的，材料与观点之间必然存在某种因果关系，观点与观点之间也应该存在某种思维上的逻辑关系，整个演示报告应该是一个逻辑严密、层次分明的有机整体。

4.要全面、正确地阐述自己的课题研究成果

学生应全面、正确地阐述自己的课题研究成果，包括通过什么途径获取了什么资料，研究工作中遇到过什么困难及其解决的办法，通过课题的研究你得到了哪些收获等。通过展示研究过程中所留下的深深浅浅的足迹，让大家看到你为课题研究所做的一切以及由此表现出来的你在探究欲望、合作能力、科研能力等方面的进步。

【优秀研究课题案例分享】

"植物墨水"的研究

班　　级：郑州市第十二中学高二四班

组　　长：孙佳佳

成　　员：孙哲　赵亚星　王睿青　毛庆愉　孙阳　郭钰　赵仕龙

指导老师：张红勋

完成时间：2012 年 5 月 26 日

摘　　要：随着人们生活水平的提高，人们对生活品质的要求也随之增高。除衣食住行之外，人们越来越重视精神生活。在书写方面，人们对书写用具的要求也越来越实际。除对书写的一般要求之外，人们更希望书写用具健康，并且书写的作品可以永久地保存。古有文房四宝"笔墨纸砚"之说，而想达到好的效果，其核心在于"墨"字。基于"墨"的重要性，我组决定研究新型的墨水，来满足更高的要求。

关键词：植物；色素；墨水

一、引　言

（一）课题研究背景

墨水广泛应用于实际生活当中，基于其价格低廉、字迹保留时间长等优点，越来越受到广大人们的喜爱。但现存墨水含有合成色素，合成色素是以煤焦油为原料制成的，通称煤焦色素或苯胺色素，对人体有害。危害包括一般毒性、致泻性、致突性（基因突变）与致癌作用。因此，一旦误食将造成人身伤害甚至威胁生命。基于此等现象，我组希望研制出一种新型墨水解决现有墨水的这一弊端。

（二）课题研究意义与目的

通过此次研究，我组希望可以研究出一种字迹保留时间长且健康的墨水，让人们远离墨水的伤害。

（三）课题研究内容

1. 墨水的有效成分
2. 现有墨水的弊端
3. "天然色素"与"合成色素"比较
4. "植物墨水"实验

（四）课题研究方法

1. 收集资料
2. 整理、分析资料
3. 实验操作
4. 访问导师

二、正　文

（一）关于墨水

1.定义

墨水是一种含有色素或染料的液体，墨水被用于书写或绘画。最早的墨水有使用金属、胡桃壳或种子制作的染料或使用鱼、章鱼等海生动物的墨汁。中国的墨是碳墨。

2.墨水种类

墨水分染料墨水、颜料墨水、热转印墨水。

3.色素制造的墨水

用色素制造的墨水一般掺有其他物质来防止色素被擦掉。这样的墨水一般不渗入纸内，因此在印刷时使用的墨水可以降低印刷的成本。

4.染料制造的墨水

用染料制造的墨水更强烈，但这样的墨水一般是溶在水中的，易渗入纸内，并可能渗到纸的背部，因此它们在印刷中有一定的技术障碍。使用这样的墨水一般需要配以干得非常快的溶液或在印刷时设法加速墨水的干燥，或是印刷时使用比较硬的或特别的纸。

5.墨水的主要成分

（1）蓝黑墨水

又称鞣酸铁墨水，是由变黑持久不褪成分、色素成分、稳定剂、抗蚀剂、润湿剂和防腐剂等组成。

①变黑持久不褪成分：

主要是由鞣酸（$C_4H_{10}O_9$）、没食子酸（$C_7H_6O_5H_2O$）和硫酸亚铁（$FeSO_4$）

等成分彼此化合，生成鞣酸亚铁和没食子酸亚铁，待其氧化后都变成不溶性的高价铁，即鞣酸铁和没食子酸铁，前者可增强耐水性，后者可增强变黑性，这样使墨水耐水、变黑，色持久不褪。

②色素成分：

目前常用的是酸性墨水蓝和直接湖蓝染料，墨水蓝是墨水的主色，水溶液遇酸不变质，但遇碱则变为棕色。直接湖蓝在墨水中起助色作用，由于其中含杂质较多，不宜多用，在潮湿环境中易长霉。

③稳定剂：

在墨水中加稳定剂的主要目的是消除墨水的沉淀，以免书写时发生断水现象。常用的稳定剂有硫酸（H_2SO_4）、草酸（$COOH_2$）、甲醛（$HCHO$）溶液。这些稳定剂都具有一定酸性，给纸张酸化埋下了潜在的危害，不宜多用。

④抗蚀剂：

因墨水中加入的稳定剂具有较强酸性，为防止腐蚀，常加抗蚀剂，使它和铁质结成薄膜，降低硫酸的腐蚀作用。使墨水中的含铁量不会因腐蚀笔尖而增加，从而增加了墨水的稳定性。

⑤润湿剂：

为防止墨水中的水分蒸发，造成书写不便，在墨水中加入不易挥发且有吸水性的丙三醇〔$C_3H_5(OH)_3$〕，使笔尖保持湿润，以利书写。

⑥防腐剂：

防腐剂能抑制微生物活动，使墨水防止因为微生物的感染和繁殖而腐败变质，使墨水具有一定的保藏期。

（2）纯蓝墨水
①染料，如起主色作用的酸性墨水蓝，起调色作用的酸性大红。
②稳定剂，如硫酸。
③防腐剂，如苯酚、亚砷酸酐等。
④润湿剂，如甘油、乙二醇等。
⑤溶剂，主要为经过处理的水。

6.墨水的弊端

（1）墨水原料中所含的有机物等物质，在潮湿环境下容易腐烂、长霉。

（2）深蓝色水溶液，对酸稳定，遇碱则会变质。属于有机染料墨水，虽色泽鲜艳，但字迹的坚牢性不高。

（3）大多数的颜料墨水打印效果不好。即使在有光纸等表面平坦的纸上打印也不能打印出有光泽的图像来，这就是为什么一般用颜料墨水打印出来的东西都没光泽的缘故。另外，颜料墨水的制造成本较高，所以售价也较染料墨水贵，其价差高达二至四倍以上。加大人们的负担。

（二）天然色素与合成色素对比

天然色素来自天然物，主要由植物组织中提取，也包括来自动物和微生物的一些色素。比如诱甜菜红、葡萄和辣椒提取出的色素。人工合成色素是指用人工化学合成方法所制得的有机色素，主要是以煤焦油中分离出来的苯胺染料为原料制成的。

植物色素的着色色调比较自然，既可增加色调，又与天然色泽相近，是一种自然的美。植物色素在植物体中含量较少，分离纯化较为困难，其中有的共存物存在时还可能产生异味，因此生产成本较合成色素高。

大部分植物色素对光、热、氧、微生物和金属离子及值变化敏感，稳定性较差，使用中一部分植物色素须添加氧化剂、稳定剂方可提高商品的使用周期。大部分植物色素染着力较差，染着不易均匀，不具有合成色素的鲜丽明亮。植物色素种类繁多，性质复杂，就一种植物色素而言，应用时专用性较强，应用范围有一定的局限性。

（三）植物墨水实验

实验目的： 从植物中提取色素，制成墨水。

实验用品： 酒精灯、酒精、烧杯、蒸发皿、石棉网、铁架台、坩埚钳、氯化钠、玻璃棒、研钵、滤纸、漏斗

实验步骤：

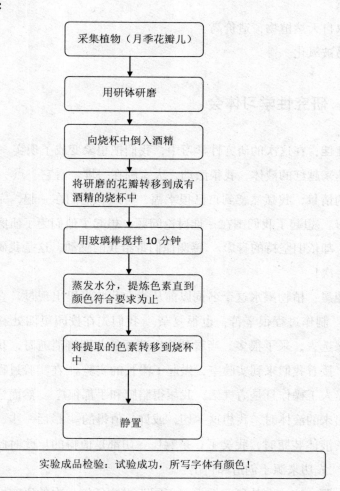

（四）植物墨水的优势与缺点

优点

1. 成分天然健康，不损害身体。

2. 色彩自然、纯正。

3. 取自天然，制作过程环保，不污染环境。

4. 带有天然香味，清新宜人。

缺点

1. 取自天然植物，造价高。

2. 易被氧化。

三、研究性学习体会

孙佳佳：在这次的研究性学习中，我们把想象变成了现实。当看到那在蒸发皿里越来越红的液体，我很激动，大家围在一堆，看它一点一点地改变。看着这样的情景，我猛然感到自己很幸福，可以和他们在一起，完成这一次的研究性学习。想起了我们围在一堆讨论问题；想起了他们为了研磨花瓣，感到腰酸背痛，却依旧坚持的身影。感谢他们带给我的感动，这是我研究性学习中最成功的一次！

赵亚星：植物墨水这个名词以前从未在我脑海里出现过，直到做成成品的那一天。制作过程很辛苦，也很复杂。我们先在校园里四处躲着老师采摘花朵，选来选去，采了很多，当看到这么美丽的花即将消逝时，我心里不免多了些惆怅！接着我们来到实验室，做起了漫长的实验。在实验过程中，由于许多过程都是人工操作且是力气活，我累得胳膊和手都很疼。然而当看到那些我们亲手做出来的液体时，我想这一切，或许是值得的。最后一步，当看到颜色越加深刻的液体装瓶时，我笑了，是啊！一切都是值得的！此时此刻，我只想说一句话："成功来源于创造和付出！"

孙　阳：这一次的研究性学习不同于以往任何一次的研究性学习，此次研究性学习让我深刻体验到亲手实践的重要性。我坚信通过这次实践，会让我们每个人都对这次实验作品很有信心，因为信心，是做一件事的良好开端！

郭　钰：这次研究性学习使我感受颇多，其中包括我与小组成员一起去采集实验材料，一起做实验，让我感到了小组成员之间的团结。虽然研磨花瓣把手弄得很疼，但是我们还是坚持，并以积极的态度去研磨。在其中我体会到了快乐，体会到了团结、坚持的精神！

毛庆愉：经过这一次研究性学习，让我深深感受到亲手实践的重要性。各种不同的发明都是从实践中得到的。所以我相信，只有在不断的实践中我们才

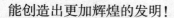

能创造出更加辉煌的发明!

　　王睿青：这次研究性学习让我有很多感受，大家都很认真地对待这个活动。我们一起通过努力完成了实验，都很开心有了成果，这次学习也扩展了我们的知识面，让我们学到了更多的知识!

　　赵仕龙：经过这次对植物墨水的研究，我学会了很多东西，尤其是在化学方面，通过做实验，我知道了怎么从植物中提取色素，用丙酮和乙醇做有机溶剂，使色素从植物中提取出来。在这次研究中，我的动手能力也大大加强了，原先在做研究性学习时，自己几乎没有动手实验，这次实验取得了比较大的成功。我想，原因是我们组的合作分工好，每个人都很好地完成了自己分内的事，效率得到了极大的提高。看到我们完成的植物墨水，我真高兴!

　　孙　哲：岁岁年年花相似，年年岁岁人不同。时间飞快，你是否能感觉到呢? 少年啊! 趁着年少轻狂的时候多珍惜时间将自己的想象发挥得淋漓尽致! 敢于独树一帜，对一切充满疑问。时间的飞快容不得你半点迟疑，容不得你拖泥带水。理应当机立断，抓住机会将自己的思想计划等付诸行动。少年啊! 动起来吧! 不要让时间飞快地流走啊!

研究性学习评价

第一节　评价原则

　　研究性学习的学业评价要重在学习过程而非研究的结果；要重在知识技能的应用而非掌握知识的数量；要重在亲身参与探索性实践活动，获得感悟和体验，而非一般地接受别人传授的经验；要重在全员参与，而非只关注少数尖子学生。因此，研究性学习的学业评价必须体现形成性评价的特点，强调对过程的评价和在过程中的评价，评价要和指导密切结合；必须重视学生在学习过程中的自我评价和自我改进，使评价过程成为学生学会"实践—反思"、发现自我、欣赏别人的过程；必须强调评价的激励性，努力形成有助于广大学生积极探究、勇于创新的气氛。因此，我们认为，在研究性学习的评价中应当贯彻如下的原则：主体性原则、探究性原则、过程性原则、发展性原则。

第二节　评价特点

一、注重综合素质

　　关注学生再现知识的正确程度；将多学科融会贯通、联系、对比、比较、整合以及综合运用的能力；自觉参与学习过程的程度；思维的多角度、灵活性、敏捷性、准确性和深刻性；自我教育的成功度；参与社会活动的热情等等。

二、注重量和质的结合

研究性学习与传统被动接受式学习相比，后者重视的是学生学习结果的量化评价，而前者关注的是学生的学习过程，强调通过研究来培养学生的创新意识、实践能力、个性特征。因此正确的评价模式应采用定性和定量相结合的方法，综合运用各种评价方式，对学生进行动态的、全面的评价。

三、注重激励与调控

研究性学习评价的根本目的在于调动学生学习的主动性、积极性，培养学生的创新精神和实践能力，充分开发学生潜能，促使学生富有个性地、全面健康地发展，而不是为了将学生分出优劣高下。评价本身不是目的，评价的目的是激励与调控。

四、评价的主体更注重多元化、交互性

以往的传统学业评价主体是单一的，一般是教师对学生的评价，学生是被动的，没有交互性。研究性学习的评价，强调以实际性行动为对象进行描述性的、自主性的评价，主张评价的多元性和互动性，它包括：教师评价、学生自我评价和学生互相评价。教师应引导、帮助学生进行自我剖析和评价，培养学生自我评价和自我教育的能力。

五、评价的角度更注重过程性、发展性

学习评价要由传统的"一试定终身"的筛选转到注重学生学习过程和学习结果的全程评价，要灵活运用多种评价方法。横向方面，全面反映学生的发展，智力因素和情感因素都要兼顾；纵向方面，动态、静态评价结合起来，既看到学习过程中学生知识的掌握情况，又要为学生发展提供信心和动力。通过评价激发学生产生新的需要，达到新的发展。

第三节　评价方案

评价要贯穿于研究性学习的全过程，重点从三个环节，即开题评价、中期评价和结题评价着手。

开题评价要关注学生发现问题、提出问题、提出解决问题设想的意识和能力，促使学生以积极的态度进入解决问题的过程中。

中期评价主要是检查研究计划的实施情况，研究中资料积累情况以及研究过程中遇到的问题、困难和解决问题、克服困难的情况等。对评价结果要及时反馈，对于在研究中学生自己难以解决的问题，要通过教师指点、学生小组内部讨论、学生小组间交流、寻求校外帮助等方式予以解决。

结题评价主要对学生参与研究性学习全过程的情况、体验情况、资料积累情况、结题情况、研究结果及成果展示等进行评价。

一、评价方案说明

班级指导小组：是指每一个班都成立的以班主任为组长，4~5 名课任教师为成员的小组，负责组织和指导本班的研究性学习。

课题指导教师：是指经过学生和学校同意后宣布的某一个课题的指导老师，可以是学校或者校外的人员。

课题组长：是指经学生商议产生的某一个课题负总责的学生。

评价的主要内容：

1. 研究性学习开题评价

2. 研究性学习过程评价

3. 研究性学习课题结题评价

4. 小组内个人评价

二、研究性学习开题评价方案

评价人：1. 班级指导小组；2. 课题指导教师；3. 班级各课题组长。

研究性学习开题评价表

被评课题小组					评价人姓名	
评价人所属对象		班级指导小组□　课题指导教师□　课题组长□				
评分标准		优	良	合格	不合格	得分
选题	必要性	15	11	18	5	
	科学性	15	11	8	5	
	创新性	20	8	6	4	
	可行性	15	11	8	5	
研究方法	思路清晰	10	8	6	4	
	方法明确	15	11	8	5	
	安排合理	10	8	6	4	
总分						
综合评价意见	评定等级：　　　　　　　　　　　签名：					

评价结果的记录和管理：

1. 指导小组评分：由多位教师组成的班级指导小组成员先分别评分，填写评分表，然后算出平均分。分数记录在"研究性学习评价分数记录表"中，开题报告会后由班主任记录在"学生信息管理系统"软件的开题评价"指导小组评分"中。

2. 指导教师评分：指导教师填写评分表，分数记录在"研究性学习评价分数记录表"中，开题报告会后将分数记录在软件的开题评价"指导教师评分"中。

3. 课题组长评分：课题组长先分别评分，填写评分表，然后算出平均分。分数记录在"研究性学习评价分数记录表"中，开题报告会后由本课题组长记录在软件的开题评价"课题组长评分"中。

管理软件自动计算出开题评价的综合得分：

总分＝指导小组 ×40%＋指导教师 ×40%＋课题组长 ×20%

4. 总分在 85 分以上为优秀，75~84 分为良好，60~74 为及格，60 分以下的需重新开题。等级与评语由课题指导教师填写。

三、研究性学习过程评价方案

评价人：1. 班级指导小组；2. 课题指导教师；3. 班级各课题组长。

研究性学习过程评价表

被评课题小组					评价人	
评价人所属对象		班级指导小组□ 课题指导教师□ 课题组长□				
评分标准		优	良	合格	不合格	得分
研究过程	手册记录	10	8	6	4	
	网上录入	10	8	6	4	
	资料收集	10	8	6	4	
	完成实验（调查／制作作品）情况	10	8	6	4	
	分工协作	10	8	6	4	
研究态度	积极性	10	8	6	4	
	实事求是	10	8	6	4	
	研究方法	10	8	6	4	
	思维创新	10	8	6	4	
	实际效果	10	8	6	4	
总分						

评价结果的记录和管理：

1. 指导小组评分：各位教师根据平时记录分别评分，班主任算出平均分。分数记录在"研究性学习评价分数记录表"中，随后由班主任记录在"学生信息管理系统"软件的过程评价"指导小组评分"中。

2. 指导教师评分：课题指导教师根据平时记录填写评分表，然后将分数记录在软件的过程评价"指导教师评分"中。

3. 课题组长评分：课题组长根据平时记录先分别评分，填写评分表，然后算出平均分。分数记录在"研究性学习评价分数记录表"中，然后本课题组长将分数记录在软件的过程评价"课题组长评分"中。

管理软件自动计算出过程评价的综合得分：

总分＝指导小组 ×40%＋指导教师 ×40%＋课题组长 ×20%

四、研究性学习结题评价方案

评价人：1. 班级指导小组；2. 课题指导教师；3. 班级各课题组长。

研究性学习结题评价表

被评课题小组							评价人	
评价人所属对象			班级指导小组□　　课题指导教师□　　课题组长□					
课题组成员：								
评分标准			优	良	合格	不合格	得分	
论文（作品）评价		科学性	10	8	6	4		
		逻辑性	10	8	6	4		
		创新性	10	8	6	4		
		完整性	10	8	6	4		
		意义（价值）	10	8	6	4		
		工作量	10	8	6	4		
答辩评价	陈述	条理性	10	8	6	4		
		科学性	10	8	6	4		
	答辩	应答能力	10	8	6	4		
		合作程度	10	8	6	4		
总分								
综合评价意见			评价等级：　　　评价组组长： 　　　　　　　年　　月　　日					

评价结果的记录和管理：

1. 指导小组评分：由多位教师组成的班级指导小组成员先分别评分，填写评分表，然后算出平均分，评价组组长是班主任。分数记录在"研究性学习评价分数记录表"中，结题报告会后由班主任记录在"学生信息管理系统"软件的结题评价"指导小组评分"中。

2. 指导教师评分：指导教师填写评分表，分数记录在"研究性学习评价分数记录表"中，结题报告会后将分数记录在软件的结题评价"指导教师评分"中。

3. 课题组长评分：课题组长先分别评分，填写评分表，然后算出平均分。分数记录在"研究性学习评价分数记录表"中，结题报告会后由本课题组长记录在软件的结题评价"课题组长评分"中。

管理软件自动计算出结题评价的综合得分：

总分＝指导小组 × 40％＋指导教师 × 40％＋课题组长 × 20％

4. 总分在 85 分以上为优秀，75~84 分为良好，60~74 为及格，60 分以下为不及格。等级与评语由班主任填写。

五、小组内个人评价方案

评价人：以课题小组为单位组织评价，小组内全部成员参与评价。

研究性学习组内自、互评表

姓名		小组名称			
承担课题任务					
评分标准		优	良	合格	不合格	得分
表现情况	积极性	10	8	6	4	
	研究能力	10	8	6	4	
	任务完成	10	8	6	4	
	合作情况	10	8	6	4	
总分						
个人评价系数＝总分／40						

评价方法：课题组长组织小组内组员相互打分，算出每个人的平均得分，然后确定个人评价系数。

数据录入：由课题组长统一录入（即录入每个成员的个人评价系数）

六、课题组员的研究性学习综合得分

各项数据录入后，管理软件自动计算出综合得分。

每个课题组员的研究性学习综合得分＝（课题开题评价分 × 20%＋过程评价分 × 40%＋结题评价 × 40%）× 个人评价系数。

七、研究性学习学分以及等级认定

学生只要参与就能获得相应学分，量化数据转换为总评等级之前须参阅考勤情况做调整，每缺勤一次扣 1.5 分，每迟到、早退一次（30 分钟以上，否则算为缺勤）扣 0.5 分，总评等级由指导教师与课题组长一齐评定并签字。按照 60 分以下"不及格"、60~74 分"及格"、75~84 分"良好"、85 分以上"优秀"给出四个等级，不及格者不予以学分。如对学分认定持有异议，可提交校学分认定委员会复议，评价结果由教务处备案。

附录1

郑州市第十二中学研究性学习开题报告

课题名称			开题时间	
届别班级		课题组长	指导教师	
课题组成员				
课题背景				
课题目的和意义	（从获取知识、锻炼能力、增强责任、解决问题等方面撰写）			
步骤（阶段、时间、任务）				
可行性分析				
所需的条件				
研究方法				
预期成果				
教师评价	指导教师签名： 年　　月　　日			

附录 2

郑州十二中_____学年第____学期高_____年级研究性学习课程计划

周别	日期	研究性学习课程内容	主持和参与
一			
二			
三			
四			
五			
六			
七			
八			
九			
十			
十一			
十二			
十三			
十四			
十五			
十六			
十七			
十八			
十九			
二十			

说明:

1. 第____周至第____周研究性学习以行政班为单位,班级指导小组教师以讲座形式,帮助学生了解掌握有关研究性学习的程序、方法、要求。

2. 第____周至____周(除期中考外)主要以课题组为单位,在课题指导教师入班指导下开展课题研究活动。

3. 第____周至____周课题组向班级指导小组交材料,全体课题指导教师到班指导、审核,保证课题研究成果的质量,不合格者由该课题组指导教师负责帮助,按要求限期完成。

4. 第____周至第____周是研究性学习评价时间,全体课题指导教师到班参与评价工作。

附录3

研究性学习活动记录

课题题目			
活动时间		活动地点	
参加成员			
活动内容			
目的			
形式			
过程			
结果			
指导教师的建议和帮助			

附录 4

郑州十二中研究性学习个人反思总结表

班级		姓名		性别		指导教师	
课题名称							
你对这次研究是否感兴趣，请说明理由							
指导教师对你做了哪些指导							
研究中你遇到的最大困难是什么							
你对研究成果的评价							
通过本次活动你最大的收获是什么							
你对小组合作情况的评价和感受							
本次活动遗憾、需要改进的是哪一方面							

附录5

郑州十二中研究性学习课程实施方案

研究性学习通过学生自己选定的课题推动学生积极、主动、自主地开展学习，把学生真正置于学习主体的地位。研究性学习旨在为学生构建一种开放的学习环境，为学生提供一个多渠道获取知识并将学到的知识加以综合和实践的机会。这样的教学活动对于调动学生积极性、充分开发学生的潜力、培养学生创新精神和实践能力，具有重要意义。为了促进我校研究性学习课程的顺利开展，根据《河南省普通高级中学研究性学习指导》的要求，结合我校实际制订以下实施方案。

一、课程目标

1.学生

①通过转变学习方式，在主动、积极的学习环境中，激发好奇心和创造力，培养分析和解决实际问题的能力。

②在老师的指导下，运用和加深理解已经学到的知识发现不同学科知识之间的联系，并尝试相关知识的综合。

③培养与学校生活、社会生活有关的继续学习能力：如自主意识，团队精神、资料研究、人际交往和掌握现代信息工具能力等。

④了解科研的一般过程和方法，体验科研的艰辛和快乐。

2.教师

①通过对学生的指导，转变教育观念和教学方式，从单纯的知识传授者变为学生学习的促进者、组织者和指导者。

②通过与其他教师合作，加强学科的交叉和渗透，拓展学科知识，改善知识结构，树立终身学习的观念。

③动态地观察学生，了解学生，创造轻松的对话环境，帮助学生克服困

难，建立新型的平等的师生关系。

④培养科研能力。

二、课程特点

1. 实践性：研究性学习重在知识和技能的应用，而不在于掌握知识的量，要求学生通过亲身实践获取直接经验，养成科学精神和科学态度，掌握基本的科学方法，提高综合运用知识解决实际问题的能力。

2. 开放性：学习空间是开放的，要求学生从校园走向社会。学习途径是开放的，可以检阅计算机网络、图书、报刊、电视等媒体；走访社会有关部门、单位；采访各方面的专家、学者等。学习结论是开放的，鼓励学生就研究的问题提出自己独特的见解。

3. 主动性：从选择课题题目到进行课题方案设计、实施、解决以及课题结题报告，都要求学生自己负责完成。学生可以根据自己的学习基础和个性特点，制订恰当的研究计划，实现个人的研究目标，教师主要起组织、关心、指导和评估作用。

4. 过程性：现有教育重视学习结果的评价，研究性学习评价也关注学生学习的结果，即对研究成果的报告、论文、作品、制作等进行评审，但是，评价学生研究的价值取向重点是学生参与研究的过程。因而研究性学习更注重研究过程及学生在这一过程中的自身体验与收获。

5. 研究性：本课程的实施过程类似科学研究的过程，但又不是通常意义上的研究；强调以发展学生创造力为目标，但并不要求其研究结果一定都要创新。其目的在于让学生学会基本的研究方法，并在研究性学习过程中不断地发展自己的研究能力与创造能力，让学生的探求精神、创新勇气和综合能力等向更高层次发展。

三、课程内容

1. 课程内容："研究"是最主要的内容，它包括研究方法、研究过程的体验与感悟、各种知识的积累。

2.内容载体：以研究的课题或项目为载体。根据学生的知识、能力和水平的实际，按学期划分研究性学习课题主题，在主题范围内自由选择研究课题或项目。

3.课题要求与学分设置：高中阶段研究性学习安排四个阶段：通识培训——高一上；第一课题——高一下（5学分）；第二课题——高二上（5学分）；第三课题——高二下（5学分）。

四、课程组织

1.管理组织

（1）学校管理组

组长：教学校长　　副组长：教务处正副主任、年级主任，教研组长

负责研究性学习的宏观管理，负责各项规划的制订、论证、实施、指导与评价。组织开发教学资料与资源、组织教师培训工作，负责课程计划的编排、课程的实施和课程的督导：a.负责班主任和指导教师对研究性学习指导工作的考核评价与管理；b.负责对每个班级学生学分的认定进行审核确认；c.负责对学生的研究成果整理、归档；d.每学年负责组织一次研究性学习研讨会暨研究性学习表彰会；e.每学年编辑一本《研究性学习优秀研究成果集》。

（2）年级管理组

组长：年级主任　　副组长：各班班主任、备课组长

负责根据本年级的特点具体组织本年级的研究性学习，课题组的组织和课题的开发，指导教师和指导工作的安排，并制订学期研究性学习工作计划，做好研究性学习日常工作管理，协助教务处做好相关的检查考核工作以及有关资料的收集和整理，搞好本年级研究性学习的经验交流和成果展示。

（3）班级指导组

组长：班主任　副组长：班级任课、指导教师

班主任：全面负责本班学生的研究性学习，主要任务是：a.通识培训；b.负责课题小组人员和课题小组组长的确定；c.指导课题小组自由选择指导教师，或协调教师选择课题小组；d.根据学生研究性学习的过程和成果，给予学分认定，对本班学生研究性学习结果整理归纳送交教务处备案；e.组织召开研究性学习开题报告会和成果汇报展示会（要求至少有2名以上学校管理组成员参加），每学年推荐2~3个优秀课题上报学校。任课教师：协助班主任完成上述工作。指导教师主要任务是：a.指导研究小组确定课题，并完成开题报告；b.指导课题研究过程材料的完成（主要是要学生完整填写《研究性学习记录册》），组织中期汇报；c.指导课题小组将《开题报告》《研究性学习记录册》《研究成果》等材料进行整理，送交班主任（根据以上材料对学生进行学分认定，研究成果可以是研究论文、实验报告、调查报告、活动方案设计、科技作品、录象资料等多种形式）。

2.教学组织

（1）以行政班为单位，学生自主结合（最好是有共同兴趣特长互补的为一组），原则上每5~10人组成一个课题组，自选组长，自聘指导教师（以本班科任教师为主，也可以是本年段、本校教职工或校外专业人员等）。

（2）学生自主界定：

①研究全过程由学生自主完成，但要遵守学校教学常规管理；

②学生自主的具体内容是收集信息、选题和立项，制订研究计划，进行具体研究，做好详细的过程记载，总结研究成果，进行自我评价。

（3）教师指导界定：

①指导原则是到位不越位，参谋不代谋，指导策略是遵循学生的思路，提出质疑，提供思考、思路或方向，供学生判断或选择。

②指导内容是：

——提供背景资料，指导选题，确定课题。

——协助课题组的建立，帮助制订研究方案。

——指导撰写开题报告，组织开展对课题研究方案的论证工作。

——指导收集整理资料，分析研讨，形成有创意的看法。

——在实施研究过程中指导教师要进行调控管理，指导学生及时记录研究情况，真实记录个人体验，为以后进行总结和评价提供依据。

——组织中期汇报和结题答辩评审工作。

3.基本程序

学生：确定课题——组建课题组——制订研究计划——实施研究——中期汇报——继续研究——总结研究成果，撰写研究报告——研究报告的交流与论证——自我评价。

教师：课题组织——指导选题——指导制订计划——指导研究——指导中期汇报——指导继续研究——指导总结，撰写研究报告——参加研究报告的交流与论证——结题评价。

（1）准备阶段

①动员学生、教师参与。

②提供相应的知识背景，做一些学术讲座。

③组织通识培训，进行科研方法指导。

④组织专门的管理体系，成立领导小组、专家小组和管理小组。

（2）选题阶段

①教师选题：年级组教师以备课组为单位（待条件成熟可跨学科组合），构成一个指导教师小组。组内教师共同协商，确定二至三个研究主题。然后对所选的主题进行备课，写好提纲。最后进行主题展示，吸引学生申报选题。

②学生选题：学生根据教师海报和主题展示，选择自己喜欢的题目，并填写《选题意向表》，学校收集《选题意向表》，按照学生意向分组，班主任宣布分组名单，学生组成小组，推选组长，选聘指导教师。

③学生与指导教师见面和交流以及讨论小组课题，并制订"课题研究方案"。

（3）课题评审

年级组组织课题评审会，提出开题评审的有关要求，由指导教师主持，对每个组的"课题研究方案"（开题报告）进行评审，不合格的小组，需要重新准备后再开题评审。

（4）研究阶段

①学生按课题研究方案，自主开展研究活动，并认真规范地填写相应表格。

②学生定期和指导教师见面。教师通过与学生的交流和小组活动记录，随时了解并评价每个小组以及学生的活动情况，提供有针对性的指导，并认真填写相应的指导意见表和日常考核表。

③每个学生准备一本记录本，随时记录研究情况与各方面的收获。

（5）总结展示

①小组活动的成果，首先在班级展示、同学评议，然后推选较好的研究性课题代表班级参加年级的总结和展示。

②组织全年级的报告会，实现成果共享。

五、教学管理

1.课时管理

每周安排一课时，课内主要用于交流和指导，课内外相结合，充分利用双休日或节假日时间，按研究计划进行研究性学习活动。

2.学生管理

研究性学习课程是正式的必修课程，每位学生都要参加研究性学习课程的学习，取得该课程基本学分，其基本学分是高中毕业学分标准的重要组成部分。

3.教师管理

与其他课程不同，实施研究性学习活动的基层组织不是教研组，而是年级与班级，年级统筹安排，班主任具体组织，全体课任教师必须参与。① 有关年级的全体任课教师每学期至少要担任一个以上课题的指导研究工作，针对指导课题按照六个步骤（背景介绍、讨论立题、调查研究、实验探索、撰写报告、交流评价）要求认真自备，写好指导教案。②每位指导教师每学年提供一篇研究性学习的典型案例及案例分析，作为评价教师指导研究性学习的依据。③班主任重点抓好一到两个研究性学习小组，其余每位教师至少重点抓好一个课题或项目，以点带面，全面推进研究性学习课程的教学，逐步实现教学方式的变革。④采取将教师按时到位率、课题组对教师的评价率和课题研究成果奖次相结合的办法评价教师研究性学习指导成绩。⑤每学年至少指导一个课题并完成课题计划的教师，年度考核量化评分酌情加分。

4.成果评价

（1）组织形式：实行三级评价形式

①由班级组织班级课题研究成果汇报会，会议由班主任主持，相关的指导教师参加。采用组长汇报或小组集体汇报或集体答辩的形式，教师要对自己指导的小组做出评价性的意见。要推出具有一定水平的小组参加年级的汇报活动。

②由年级组织课题组研究成果汇报会，以交流经验、积累方法、提高水平为宗旨，要求汇报的方式要灵活多样，活动组织要有特色，指导教师要参与点评活动。

③由教务处召集研究性学习成果评价领导小组成员，召开各年级研究性学习成果汇报会，对各年级选送的课题成果进行评价鉴定，以发现典型，累积经验，促进全校此项工作的蓬勃开展。

（2）评价制度

①开题评价：对学生选择的课题，年级应该及时组织开题报告会，对课题的客观性、课题的针对性、课题的实践性、课题的可操作性进行积极的评价。同时，教师应对课题实践的预期效果进行评估，避免课题实施

的范围过大，研究过程无法调控；或课题实施的范围太小，研究过程无法展开。

②月检查制度：针对学生的研究课题，结合学生的研究进度，教师应该及时做好学生的研究性学习检查工作。检查的内容应包括学生的研究性学习的活动记录、进展情况、研究方向的把握、实践信息的处理。

③阶段评价制度：阶段评价是研究性学习过程性管理的一种形式，每半个学期，指导教师应对学生的研究性学习进行评价，评价应侧重对学生的研究内容、研究方法、研究阶段成果或阶段问题进行总结，以利于指导教师把握情况，分析问题，找出原因，制定对策，确保研究性学习操作得法，运行平稳，以期获得预期效果。

④年度总评制度：年度总评按照"三级评价制度"的要求进行，分别由班级、年级、教务处负责举行。

（3）评价方法

①指导教师在学生的答辩基础上，针对学生的研究性学习的结果做出评价性意见，评价性意见应以评语的形式出现，要求对学生的学习态度、学习方法、学习的实践过程、学习成果的意义、学习能力的发展做出总结性的评语。评语要记入《学生研究性学习记录表》。

②对学生的评价要以鼓励为主，以肯定为主，以前瞻性评价为主，教师要善于发现学生的优点和长处，归纳学生的经验和创见，洞察学生的能力和潜能，并予以积极的评价。要使评价成为促进学生深入开展研究性学习的外在动力。

③指导教师的评价意见完成之后，必须向学生公布。对于一些比较典型、成果较为显著的学生，视具体情况可以为他们举行专题报告会或专题演讲会，及时推广他们的研究方法、经验，展示他们的研究成果。要做到鼓励一批，促进一片，带动全体。

5.规范管理

（1）各小组在每一研究课题的学习活动中必须提供以下资料（可参考教务处提供格式）：①小组成员名单；②学习活动考勤记录；③开题报告；④活动计划（含活动内容、形式、时间、分工等）；⑤各次活动情况记录；⑥个人心得小结；⑦小组课题的结题报告。

（2）为了研究性学习课程的管理规范，要求：①研究性学习小组的课题计划由学生自己打印，一式三份，一份留课题组，一份交班级指导组长（班主任），一份交教务处审报确认；②每次活动小组与个人都要详细填写"研究性学习课程活动记录"，明确下次任务，指导教师签署意见，作为参与性评价的重要依据；③注意积累研究所需的各种文字、图片、实物、音像等资料，这是成果形式的重要组成部分；④研究论文、调研报告、实验报告等研究成果（选题意义、研究经过、论据和结论、效果分析、以及资料索引目录等），是总结性和成果性评价的主要依据，一式两份，一份交班级评委组，一份交教务处；⑤每学期课题或项目研究结束，每个课题组要填写"研究性学习课题研究总评表"表（一式两份），连同课题计划、课程活动记录、研究报告（或论文）、数据、图片、实物、音像等资料整理装袋，交给研究性学习班级指导组长；⑥班级指导组负责班级各课题（或项目）的评价和交流工作。年级指导组负责年级突出成果的评价和交流工作，其优秀成果汇编成《研究性学习成果专辑》，在校内外交流。

六、课程的学分评定

学分认定由指导教师和班级指导小组提出意见，由校研究性学习课程学分认定小组确认。

1.评定依据

认定每个研究性学习课题的学分主要依据五个方面的材料：①开题报告；②学习活动过程记录；③课题研究过程中所收集的材料、处理过的资料、参考文献目录等；④小组课题的结题报告；⑤个人心得小结。

2.评定原则

参与性：学生只有参与研究性活动才能获得相应的学分，如发现学生并没有参与研究性课题的研究，不能得规定学分。过程性：学生只要参与就能获得相应学分，研究性课题的质量高低不影响学生获得学分。真实性：研究性课题必须是学生自己进行的，不能由家长或教师代替完成，如发现虚假现象，学校将扣除相应学分。规范性：学分的认定由学生互评，指导教师考核，教务处审核组成，并建立公示、抽查或回访制度。

3.评定过程

①课题开题和结题展示，学生以班组为单位进行论文展示或答辩、模型展示和介绍、小品表演、主题演讲等。

②学生进行组内自评和组内互评。

③指导教师考核，并组织、引导学生再一次反思自己的研究历程，综合评价学生的研究活动。不论何种研究成果，其格式应包括以下基本内容：课题名称、课题报告执笔人、指导教师、文章摘要、研究成果、小组成员的小结报告、指导教师意见及出勤情况等。

④量化数据（量化表见指导手册）转换为总评等级之前须参阅考勤情况做调整，每缺勤一次扣1.5分，每迟到、早退一次（30分钟以上，否则算为缺勤）扣0.5分，总评等级由指导教师与课题组长一齐评定并签字。按照60分以下"不及格"、60~74分"及格"、75~84分"良"、85分以上"优秀"给出四个等级，不及格者不予以学分。如对学分认定持有异议，可提交校学分认定委员会复议，评价结果由教务处备案。

在校外参与课题研究的学生，如研究成果获得市级奖励，该生该学年研究性学习以"优秀"成绩获得相应学分。

第二篇

学生研究成果展示

XUESHENG YANJIU CHENGGUO ZHANSHI

校园绿色能源综合利用系统

郭毅　樊越华　张甜甜　指导老师：张红勋

一、引　言

（一）课题研究背景

21世纪，气候变化、能源危机，能源成为人类社会发展的一大疑难问题。地球上的煤炭、石油、天然气，这些续集了上千万年的化石能源，经历了几百万年的不断消耗，最终不可逆转地走向了枯竭。而大量使用化石能源的后果，便是严重的温室效应，带来全球温度上升、冰川融化、海平面上升等一系列的世界性环境问题。因此，如何科学合理地使用、利用和节约能源便是我们研究的方向，于是我们经过研究讨论，在本文中论述了一套关于学校的能源利用系统。

（二）课题研究的意义与目的

强台风、沙尘暴、高温干旱、极端降水……近年来，全球极端天气频频发作，危害越发严重。究其原因，其中最重要且人类负有不可推卸责任的是，碳基燃料消耗过大而造成的全球气候变暖——极端天气只是能源消耗问题的一个折射而已。

中科院一项调查显示，我国是全世界自然资源浪费最严重的国家之一，在59个接受调查的国家中排名第56位。另据统计，中国的能源使用效率仅为美国的26.9%，日本的11.5%。因此，推进节能减排，可谓迫在眉睫。

在我们的校园生活中，有许许多多的地方可以做到节能减排：尽量少开空调，按时熄灯等等。另外，校园里还有很多我们平时虽不留心但是却很丰富的绿色能源：温暖的太阳光、洗过手的水，甚至你在操场上蹦蹦跳跳，在走廊里走来走去产生的能量，如果加以利用，也将成为一份不小的能源。

我们设计研究的课题是"校园绿色能源综合利用系统"，正如它的名字一样，这是基于校园而设计的用于改善校园绿色能源系统的课题。只要将此课题稍做修改便可在别的地区发光发热，例如广场、公园这些范围较宽广的地方。

（三）课题研究内容

1. 能量源
2. 综合利用系统第一部分
3. 综合利用系统第二部分
4. 综合利用系统第三部分
5. 综合利用系统第四部分
6. 有关太阳能的优点和缺点及应对方法

（四）课题研究方法

1. 收集资料
2. 成员讨论
3. 导师指导
4. 设计实验

二、正　文

（一）可利用的能量源

1.太阳能

地球上除原子能和火山、地震、潮汐以外，太阳能和其他一些恒星散发的能量是一切能量的总源泉。

世界气象组织（WMO）1981 年公布的太阳常数值是 1368 瓦 / 米 ^{2}。如果将太阳常数乘上以日地平均距离做半径的球面面积，这就得到太阳在每分钟发出的总能量，这个能量约为每分钟 2.273×10^{28} 焦。（太阳每秒辐射到太空的热量相当于一亿亿吨煤炭完全燃烧产生的热量总和，相当于一个具有 5200 万亿亿马力的发动机的功率。太阳表面每平方米面积就相当于一个 85 000 马力的动力站。）而地球上仅接收到这些能量的 22 亿分之一。太阳每年送给地球的能量相当于 100 亿亿度电的能量。太阳能可以说是取之不尽、用之不竭的，又无污染，是最理想的能源。

所以将太阳的光热辐射用于发热、保温、发电等几个方面，让阳光被充分地利用起来，既能节约资源，又能给人们的生活带来方便。

所以我们将太阳光作为主要能量源来使用。

2.利用移动能量（踩踏发电）

发电地板是一种提供电力的装置，是科技人员创造出的一种新的发电方式。其原理是利用行人踩踏地板产生的振动来发电。人们每一次在发电地板上踩踏，都会将人踩踏的能量通过地板处理后转变成电能输出或储存。效率高而且方便。

（二）利用系统第一部分主体

在天气晴朗的日子，温暖的阳光照耀在学校绿茵茵的草坪和空旷的广场上。太阳的热量在四处挥洒，如果能把这些热量都利用起来，该会有多么大的作用啊！

所以我们认真研究了几种利用太阳光的热量的方法，经逐一筛选，最终确定方便好用的太阳灶为我们"绿色能源综合利用系统"的主要系统主体。

太阳灶是利用太阳能辐射，通过聚光获取热量，进行炊事烹饪食物的一种装置。它不烧任何燃料，没有任何污染，正常使用时比蜂窝煤炉还要快，和煤气灶速度一致。

太阳灶水利工程主体主要应用于广阔的场地，例如校园的广场。太阳灶的边缘略低于地面，上面覆盖透光度较高的玻璃板。人可以走在上面，也可以防止杂物掉入水中污染水体。

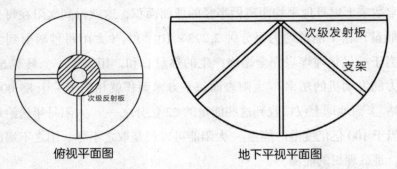

俯视平面图　　　　　　　　地下平视平面图

主系统在地面以下，从上空俯瞰，就好像是一个上面盖了玻璃罩的巨大的圆碗。俯视平面图中阴影的部分为次级反射板，可将太阳灶中要反射出来的光再度反射回太阳灶中，加强对太阳光的利用率。并且次级反射板设计为可拆卸型的，炎炎的夏日太阳光充足，不需要进行再次反射时便可以拆下，减少热量阻隔。

太阳灶中的金属反射板都具有良好的防腐性、耐锈性，不会因为长期浸泡在水中而生锈、变质从而影响水质。

太阳光照射给水体加热，大地还能为水体保温，结果一举两得。

这些利用太阳加热过的温水就可以直接使用了。太阳灶的主体地面下三分之二处设有许多温水流出管道。有的管道直接接进教学楼的水泵中，为教学楼提供温水，方便同学们洗手。如果是饮用热水，就可将管道接入热水机，因为水具有一定的初始温度，因此加入水的时间和流量都会大大得到提高，从而为同学、老师提供充足的饮用热水。

在校园的操场上打完球后，一手的灰，多想洗个手啊！倘或此时场边的洗手池流的都是冰凉的水，那么尤其在寒冷的冬季时有可能会被冻得手疼。如果用上我们的系统，水龙头里流出来的就是暖暖的水了，又干净又温暖，还不伤手。

除了教学楼用水、校园用水，我们综合利用系统大水池还接有灌溉系统。

校园内怎么少得了绿色植被呢？花花草草为校园提供了生机，更新了空气，但漫灌、喷灌这种大量用水的灌溉方式既浪费水资源也会使环境变坏。所以我们在绿化植被区引入滴管系统，在地表以下放置滴管管道，由太阳灶水体直接供水。灌溉系统不仅有与太阳灶的水体部分接通的管道，也有与冷自来水接通的管道，以防太阳灶中的水温度较高而损坏花草根系。

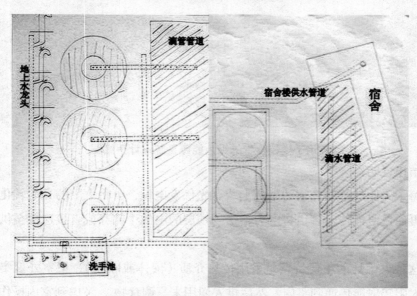

绿色能源综合利用系统设计手绘图

（三）利用系统第二部分主体

大部分学校中都有食堂，且食堂大多都设置在一楼或二楼。食堂的厨房一般就紧挨着食堂的窗口。食堂每天花费大量的煤、石油、天然气、电来做饭。并且为了改善厨房的空气环境，绝大部分厨房装有抽油烟机、排风扇等设施，这无疑又是一笔不小的开支。

我们的绿色能源利用系统的第二部分主体，就是为食堂量身定做的。我们还为它起了个好听的名字："阳光下的美食天堂"。

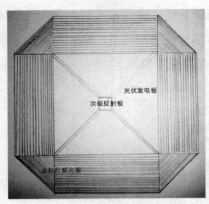 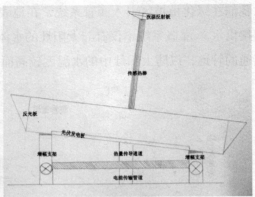

应用于学校食堂的绿色能源系统设计手绘图

结构说明：

每个太阳灶都在底板的平板上装有光伏发电板，可将太阳的光能转化为电能，再通过电能传输管道将电力输送到顶层的电池中储存或直接连接至供电器使用。

这种太阳灶的主要特点是采用传热介质（液体或固体），把室外聚集接收到的太阳辐射能传递到室内，然后供人们用来烹调食物。考虑到室内操作的稳定性，应增加蓄热装置。

食堂不一定非要设置在底部楼层，只要能快速供应上热饭热菜热汤，它的职能就达到了。于是我们将食堂从一楼二楼搬上了顶层。

（在这里我们使用河南省郑州市十二中的食堂模式进行举例讲解。食堂是与女生宿舍楼一栋楼的，一层为食堂，其他楼层为女生宿舍。）

首先，我们将整个楼顶加以改造，在上面放置一个或多个平板式太阳灶（见图解），每一个太阳灶都对应一个或多个灶台。

太阳灶面积约为 1.44 ㎡~3.24 ㎡，由 8 块太阳光反射板组成，将太阳能集中于传感热棒上，传感热棒再将热能通过热能传输管道传导到下一层的厨房的阳台上去，热量得到利用。（热能传输管道和电能传输管道在外部看起来是同一个管道。）

传感热棒顶端设置一样设置有与地下太阳灶相同功能的次级反射板，再度将太阳光反射，提高太阳能的利用效率。

每个太阳灶都在底板的平板上装有光伏发电板，可将太阳光转化为电能，再通过电能传输管道将电力输送到顶层的电池中储存或直接连接至供电器进行使用。

顶层的厨房同时连接有太阳热能利用系统和电力系统两种能源，当太阳热能利用系统供能不足的时候，可切换到电力系统，也可以用固体酒精一类的燃料做饭。

太阳灶底部装有增幅支架，此支架的作用在于调整太阳灶的角度和方位，在次反射板上还装有光源跟踪系统，四个角落上有光敏电阻，可以自动追踪太阳的方位，提高对太阳光的接受和转化效率，对应不同时间、不同季节的太阳移动轨迹。

※ 关于热量传导材质

关于热量传导，我们研究后认为，这种材料应该便宜和高效，还要环保。于是我们基于导热＞环保＞价格这一首要条件，筛选了一些材质。参考下表：导热系数单位换算表和导热系数表。

导热系数单位换算				
千卡/米·时·℃	卡/厘米·秒·℃	瓦/米·K	焦耳/厘米·秒·℃	英热单位/英尺·时·℉
1	2.78×10^{-3}	1.16	1.16×10^{-2}	0.672
360	1	418.7	4.187	242
8	2.39×10^{-3}	1	10^{-2}	0.578
0.8598	0.239	100	1	57.8
1.49	4.13×10^{-3}	1.73	1.73×10^{-2}	1

材料名称	导热系数W/mK	材料名称	导热系数 W/mK	材料名称	导热系数 W/mK
Si	150	ABS	0.25	空气	0.01 ~ 0.04
SiO₂	7.6	PA	0.25	水蒸汽	0.023
SIC	490	PC	0.2	水	0.5 ~ 0.7
GaAs	46	PMMA	0.14 ~ 0.2	硫酸5 ~ 25%	0.47 ~ 0.5
GaP	77	PP	0.21 ~ 0.26	木材（纵向）	0.38
LTCC	2	PP+25%玻纤	0.25	木材（横向）	0.14 ~ 0.17
AlN	150	软质PVC	0.14	普通黏土砖	0.7 ~ 0.8
Al₂O₃蓝宝石	45	硬质PVC	0.17	耐火砖	1.06
Kovar	17.3	PS	0.08	水泥沙	0.9 ~ 1.28
钻石	2300	LDPE	0.33	瓷砖	1.99
金	317	HDPE	0.5	石棉	0.15 ~ 0.37
银	429	橡胶	0.19 ~ 0.26	玄武岩	2.18
纯铝	237	PU	0.25	花岗岩	2.6 ~ 3.6
纯铜	401	纯硅胶	0.35	石蜡	0.12
纯锌	112	中密度硅胶	0.17	石油	0.14
纯钛	14.63	低密度硅胶	0.12	沥青	0.7
纯锡	64	玻璃	0.5 ~ 1.0	纸板	0.06 ~ 0.14
纯铅	35	玻璃钢	0.40	铸铁	42 ~ 90
纯镍	90	泡沫	0.045	不锈钢	17
钢	36 ~ 54	FR4	0.2	铸铝	138 ~ 147
黄铜	70 ~ 183	环氧树脂	0.2 ~ 2.2	Al 6061	160
青铜	32 ~ 153			Al 6063	201
导热硅胶垫	0.8~3			Al 7075	130

根据上表，我们最终讨论筛选出 SIC（碳化硅）作为我们的第一导热材料。因为它的导热系数为 490，排名第二，仅次于钻石（2300）。和第三名纯银相比，SIC（碳化硅）既便宜，导热效率还高。详细参考资料如下。

1.作为新型半导体材料的SiC的晶格结构

碳化硅在不同物理化学环境下能形成不同的晶体结构。这些成分相同，形态、构造和物理特性有差异的晶体称为同质多象变体，目前已经发现的 SiC 多象变体有 200 多种。SiC 最常见的结构有 3C-SiC（闪锌矿结构）；2H-SiC（纤锌矿结构）；4H-SiC；6H-SiC。其中 3C-SiC 又称为 β-SiC，2H-SiC 称为 α-SiC。

SiC 多象变体是由数字和符号组成，其中 C、H、R 分别代表立方、六方、菱形晶格结构，字母前的数字代表堆积周期中 SiC 原子的密排层数目。3C 就代表 SiC 变体是由周期为 3 层的 SiC 原子密排为立方晶格结构，4H 代表 SiC 变体是由周期为 4 层的原子密排形成的六方晶格结构，15R 代表 SiC 变体是由周期为 15 的原子层密排堆积形成的菱形结构。

2.碳化硅的物理特性

（300 K）	3C-SiC	2H-SiC	4H-SiC	6H-SiC
摩尔质量g/mol	40.097	40.097	40.097	40.097
密度g/cm^3	3.22	3.22	3.22	3.22
熔点℃	2730	2730	2730	2730
禁带宽度eV	2.36	3.330	3.23	3.0
晶格常数（nm）	0.43595	a 0.308 065 c 0.503 738		
介电常数	9.72	10.32		
电子扩散系数cm^2/s	≤20		≤22	≤ 90
空穴扩散系数cm^2/s	≤ 8		≤ 3	≤ 2

以上资料、表格均摘自百度百科

（四）利用系统第三部分主体

发电地板是一种提供电力的装置，是科技人员创造出的一种新的发电方式。其原理是利用行人踩踏地板产生的振动来发电。

这种环保地砖长 60 厘米，宽 45 厘米。内置锂电池，一旦有人从地砖走过，其转换成的电能有 5% 将被用于点亮地砖中央的发光灯，其余 95% 的电能可以被储存到内置的聚合物锂电池中，或者直接用于其他用途。目前，该种地板已经在英国得到成功应用。

英国的一家法语学校的走廊用电就由全部师生踩踏地板转化成的电能提供。欧洲最大的商场——韦斯特菲尔德·斯特拉福特城市购物中心也在外面的走道上装有这种可转换能量的踩踏地板。事实上，在刚刚过去的伦敦奥运上，也部分采用了这种地板。

这种地板有防水功能，地板寿命长达 5 年，可承受约 200 亿次的踩踏。

踩踏发电的效率非常高，相比起光伏发电，它的利用效率和发电效率都非常出色。但是像学校这种人流高峰一般只在固定点出现，或是人流并不很多的地方并不适合大力推广及使用，因此发电地板更适用于广场、火车站、商场等人流量超大的地方。尽管如此，发电地板在学校中的应用仍是非常重要的。据不完整统计，对于拥有 2700 人左右的学校，每日踩踏就可以发电13°～20°。

（五）综合利用系统第四部分主体

高层住楼用的厨余废水、洗漱水等各种废水，经过特定的管道可以利用水位势差来发电。这种利用水位势差发电的原理和我们的三峡水坝发电的原理相近，即利用水的落差的动能带动涡轮机转动，涡轮机发电。

这是一种非常好的绿色能源，本身将水抽上去就使水具有势能，在回收水的过程中再将这股本要浪费掉的能量重新利用起来。

（六）有关太阳能的优点和缺点及应对方法

优　势：

一、经济效益。不用煤、不用电、不用液化气、不用柴草，不用花一分钱，您只利用太阳光就可以烧水、做饭。在有阳光的地方使用，既方便又省钱，一次投资长期收益。

二、社会效益。一是省劳力，不用砍柴；二是节柴省煤；三是改善您的吃饭条件，提高您的健康水平，使用本产品烧水做饭，纯天然无污染，清洁、无烟尘和油垢。

三、生态效益。对环境无任何污染。节约煤炭和柴草，减少二氧化碳排放量，不仅解决了燃料问题，还可以大量减少焚烧需求，保护了农村环境，维持了生态平衡，符合国家节能环保的倡议。

四、减少或避免抽油烟机的使用。在学校食堂中有很多抽油烟机，使用时有烦人的风扇嗡嗡声。太阳能的使用不但在一定程度上避免了噪声污染，还节省了用抽油烟机的电浪费。

五、适宜的地区：中国北纬 45° 以南、西北地区范围内效果较佳。

全球有超过 30% 的地区光照分布都在 $100W/m^2$ 上。绝大部分地区都是温带和热带，光照资源丰富。

缺 点：

1. 阴天下雨不能用（西北地区光照高而少雨）。

2. 室内不能用（已有较好的热传导技术，可将热量引入室内）。

3. 城市里用量少（主要是占用空间，但是楼顶是一个很不错的选择。农村地区的应用也非常好）。在国外像南非等国家很是畅销。

三、体会与感想

郭 毅：

这个课题是我们自主讨论，全程都是由我们两人自主设计的，虽然也参考了许多网上的相关资料，但是保证各个设计都是我们自己动脑子想出来的，所以我很自豪。这个课题对我们来说很沉，不管能不能获奖，它都是我们研究性学习过程中的一座里程碑。这个课题的研究人员很少，只有我和樊越华，我们牺牲了很多学习的时间来做这个课题，因为我们喜欢研究性学习，喜欢动脑，喜欢创新，喜欢这种能时时刻刻给我们身边真正带来好处的活动。我们勤奋地查资料、写报告、做实验、做模型，一点一点做着这份研究。从 8 月底到我们完成课题的那一天，总共历时一个月零七天。当然，这里面还有许多瑕疵，许多不足，但是我们会一步步完善，把目前理论化的东西变成现实。

我希望此套系统可以被广泛地推广到国内外，尤其是生活还较为贫苦的非洲地区，因为那里有大量的可被利用的资源，如光资源、风资源等。

这不会是我们的最后一个课题，创新是我不变的追求，无论我以后会在哪里，在什么岗位上，创新都会激励着我们为生活多添姿彩。

这套校园绿色能源综合利用系统，恰到好处地利用了太阳能、动能及其他无成本且低碳的自然界能量，不仅节约了消耗自然资源的能量，并且提供部分学校的日常生活及教学工具用电。这无疑是一套新型环保的校园绿色能源综合系统。

像我们比较节省的小规模学校，每年都要用掉 13 万度的电，电费基本在人民币 11 万元左右。如果我们的校园绿色能源综合利用系统投入使用，经过测算，保守估计也可以每年节省下 2 万度电，能省下 1.6 万元的电费，并且，还可以多生成 7300 度左右的电。

总体来说，校园绿色能源综合利用系统是一套非常棒的系统，符合全球保护环境、节能减排的时代潮流。本装置还有诸多不足，我们会尽全力完善，争取早日投产使用。

樊越华：

我很喜欢这个项目。因为我特别爱干净，可是每次在寝室里需要用热水时，都要费好大的力气。比如放学都得快点跑回寝室才有机会等到热水，然而如果学校使用了这个系统，将会解决我以及其他同学好多用水问题。一想到这里我就兴奋不已。

在研究过程中，我和郭毅搜索了好多有关方面的专业知识，也涉及了好多我曾经并未接触到的领域。我们每天都抽出大量时间来对这套系统进行设计、方案讨论等。越研究越觉得痴迷，面对许多不懂的东西，反倒觉得特别有趣。

虽然研究过程很辛苦，但我们却很快乐。每次到特别投入时，我们甚至没有时间去吃饭。郭毅对我很照顾，虽然我们只有两个组员，也依然高效完成了这套系统的设计。对于并不专业的我们，或许这套系统会有瑕疵，但我和郭毅的想法一样，我们都希望这套系统可以被广泛地推广。

一种颠覆传统卫生习惯的新型实用公共卫生间

樊越华　郭毅　朱晓楠　指导老师：张红勋

一、引　言

（一）课题研究背景

随着人类文明的发展，讲究文明的人们也越来越注意个人形象及卫生习惯，但是无论如何注重卫生的人，都无法避免同一个现实的问题，便是使用卫生间。普通卫生间清洁度不够，多数细菌等不卫生的东西无法清理彻底，而高档卫生间造价高并且浪费能源，显得有些奢侈。于是，面对这样两头难的问题，我们决定对此进行研究，并拿出我们的方案。

（二）课题研究意义与目的

提高人们的卫生安全意识，提高人们的卫生清洁水平，解决人们的卫生问题。

（三）课题研究内容

①调查发现
②卫生洗手的相关链接
③便后易携带的细菌
④设计理念
⑤新卫生间的设计方案

（四）课题研究的方法

①提出问题

②收集资料

③成员讨论

④提出设计

⑤导师指导

⑥完成设计

二、正　文

（一）调查发现

调查发现英国 25% 的公交乘客手上带有粪便细菌

据英国广播公司报道，一项调查发现，在英国搭乘公共交通工具的乘客当中，25% 的人手上带有粪便细菌。

来自英国伦敦大学卫生和热带医学学院的科学家，在从南到北的英国五大城市的火车站和公交车站收集了 409 名乘客的样本。

这项调查是为了配合第一个"全球洗手日"，让人们意识到手的清洁对公共卫生的重要。

粪便细菌

调查发现，越往北走，乘客手上所携带的粪便细菌就越多，科学家们在纽卡斯尔一名男子的手上发现的粪便细菌最多。

医学专家强调，保持双手卫生，勤洗手是非常重要的。

研究人员说，在乘客手上发现这么多粪便细菌，这说明他们在如厕后没有及时洗手，或者没有将手洗干净。

在纽卡斯尔和利物浦，男性的手比女性的手更容易受到污染。 在纽卡斯

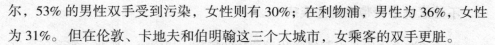

尔，53% 的男性双手受到污染，女性则有 30%；在利物浦，男性为 36%，女性为 31%。但在伦敦、卡地夫和伯明翰这三个大城市，女乘客的双手更脏。

比起火车乘客，英国公交车乘客的双手要更脏些。

比起其他专业人士，学生、退休人士或失业者，蓝领工人的手更干净些。

伦敦大学卫生和热带医学学院主管柯蒂斯医生说："调查发现这么多人的手上有粪便细菌，我们简直目瞪口呆。"

便后洗手

柯蒂斯医生说："这个数字比我们原来预料的更高，这说明英国人确实存在便后未洗手的问题。"他表示，如果这些人有腹泻病，而他们在如厕后又未及时洗手，那么腹泻病流传开来的概率就会大大增加。

卫生保护机构传染病中心主管卡尔普奇教授说，这些结果令人震惊，现在人们在便后应当记着用肥皂洗手了。他说，便后洗手是防止传染病，特别是腹泻、呕吐、感冒和伤风的重要手段之一。

卡尔普奇教授认为，如厕后应当立即洗手，餐前也应当洗手，与动物接触或接触食物之前都应当洗手。此外，在洗手前应当检查手上是否有割伤的伤口，如有的话，就应当先用防水创口贴封住。

（二）卫生洗手的相关链接

手上通常会携带哪些细菌呢

不同人群因为工作及生活习惯不同，手上所携带的病原程度及种类也不一样。如医生、银行财务工作人员手上易携带各种各样的细菌，如沙门菌、大肠杆菌、溶血性链球菌、金黄色葡萄球菌等。另外，儿童也是一个高危人群，他们钟爱室外活动，而且没有常洗手的习惯，因此手上会有较多的细菌。再有就是病人，病人本身携带着一些细菌、病毒或寄生虫，如不注意洗手容易使病情恶化。有些人喜欢留长指甲，指甲里面也会藏有大量的细菌。但人体自身有皮肤屏障，因此对于数目庞大的细菌也不必过于恐慌，只要注意正确洗手，就能有效地避免细菌感染。

不注意洗手会带来哪些疾病

不注意洗手主要是引起经消化道传播的疾病，如痢疾、伤寒、霍乱等，这些疾病最容易通过脏手传播，通常是因为用脏手取食物，把细菌经口带入体内，从而得病；其次是通过身体直接接触传播的疾病，如脓疮、疥疮等；第三种是通过黏膜接触，如红眼病、性病等。

什么时候要洗手

饭前、便前、吃药前要洗手；饭后、便后、回家后、接触钱后、户外运动后、接触脏物后也要洗手。便前洗手非常重要。便前洗手是许多人会忽略的环节，无论是男性还是女性都需要便前洗手。鉴于男性特殊的生理构造，小便时手指会接触到敏感部位，容易感染，因此小便之前一定要洗手。对于女性，因其尿道比较短，也容易感染，还加上大部分女性小便时都有用纸巾的习惯，细菌也会通过纸巾传播，因此也要注意便前洗手。

如何洗手才正确

根据标准的洗手方式，洗手有六个步骤：①掌心相对，手指并拢相互摩擦；②手心对手背沿指缝相互搓擦；③掌心相对，双手交叉沿指缝摩擦；④一手握另一手大拇指旋转搓擦；⑤弯曲各指关节，在另一掌心旋转搓擦；⑥搓洗手腕，交换进行。洗手需特别注意手的四个面（手背、手掌、指缝、指尖）及两个重点（大拇指、手腕）的清洗。洗手时间一般要保持10~15秒才能达到基本的清洗效果。洗手时间并不是绝对的，若效率高，也不必追求30秒的洗手时长。

温馨小提示：

①清水只能清除肉眼能看得到的灰尘等脏物，因此，日常洗手还需要使用具有一定消毒作用的肥皂或洗手液来清洗，再用清水冲洗，洗完之后，要用干净的毛巾把手擦干。

②儿童通常不能自觉洗手，家长、老师要加强监管力度，要注意让孩子从小养成科学洗手的习惯。

③上班族，使用公司电脑的鼠标、键盘如不注意，很容易传播红眼病。在电脑前待得太久后，眼睛会感到酸涩，切忌用脏手揉眼睛。

④家庭人员相对集中，一家人共用一盒香皂通常不会传染疾病，但要注意香皂的卫生使用，用完香皂要用清水冲洗、晾干。若家庭成员中有脓疮等容易传染的疾病患者，则不能共用香皂。

（三）检测便后易携带的细菌

1.大肠埃希氏菌

正常栖居条件下不致病。但若进入胆囊、膀胱等处可引起炎症。在肠道中大量繁殖，几占粪便干重的1/3。

在环境卫生不良的情况下，常随粪便散布在周围环境中。侵入人体一些部位时，可引起感染，如腹膜炎、胆囊炎、膀胱炎及腹泻等。人在感染大肠杆菌后的症状为胃痛、呕吐、腹泻和发热。感染可能是致命性的，尤其是孩子及老人。

2.大肠杆菌

大肠杆菌为埃希氏菌属代表菌。一般多不致病，为人和动物肠道中的常居菌，在一定条件下可引起肠道外感染。某些血清型菌株的致病性强，引起腹泻，统称致病性大肠杆菌。

大肠杆菌是人和许多动物肠道中最主要且数量最多的一种细菌，主要寄生在大肠内。它侵入人体一些部位时，可引起感染，如腹膜炎、胆囊炎、膀胱炎及腹泻等。人在感染大肠杆菌后的症状为胃痛、呕吐、腹泻和发热。感染可能是致命性的。

致病物质：

1.定居因子：也称黏附素，即大肠杆菌的菌毛。致病大肠杆菌须先黏附于宿主肠壁，以免被肠蠕动和肠分泌液清除。使人类致泻的定居因子为 CFA Ⅰ、CTA Ⅱ（Colonizationfactorantigen Ⅰ、Ⅱ），定居因子具有较强的免疫原性，能刺激肌体产生特异性抗体。

　　大肠杆菌具有很多毒力因子，包括内毒素、荚膜、Ⅲ型分泌系统、黏附素和外毒素等。（Ⅲ型分泌系统是指能向真核靶细胞内输送毒性基因产物的细菌效应系统。由 20 余种蛋白质组成。）

　　2. 黏附素：能使细菌紧密黏着在泌尿道和肠道的细胞上，避免因排尿时尿液的冲刷和肠道的蠕动作用而被排除。大肠杆菌黏附素的特点是具有高特异性。包括：定植因子抗原Ⅰ、Ⅱ、Ⅲ；集聚黏附菌毛Ⅰ和Ⅲ；束形成菌毛；紧密黏附素；P 菌毛；侵袭质粒抗原蛋白和 Dr 菌毛等。

　　3. 外毒素大肠杆菌能产多种的外毒素，包括：志贺毒素Ⅰ和Ⅱ；耐热肠毒素Ⅰ和Ⅱ；不耐热肠毒素Ⅰ和Ⅱ。此外，溶血素 A 在尿路致病性大肠杆菌所致疾病中有重要作用。

　　4. 肠毒素：是肠产毒性大肠杆菌在生长繁殖过程中释放的外毒素，分为耐热和不耐热两种。不耐热肠毒素：对热大肠杆菌不稳定，65℃经 30 分钟即失活。为蛋白质，分子量大，有免疫原性。由 A、B 两个亚单位组成，A 又分成 A1 和 A2，其中 A1 是毒素的活性部分。B 亚单位与小肠黏膜上皮细胞膜表面的 GM1 神经节苷脂受体结合后，A 亚单位穿过细胞膜与腺苷酸环化酶作用，使胞内 ATP 转化 CAMP。当 CAMP 增加后，导致小肠液体过度分泌，超过肠道的吸收能力而出现腹泻。LT 的免疫原性与霍乱弧菌肠毒素相似，两者的抗血清交叉中和作用。

　　耐热肠毒素：对热稳定，100℃经 20 分钟仍不被破坏，分子量小，免疫原性弱。ST 可激活小肠上皮细胞的鸟苷酸环化酶，使胞内 CGMP 增加，在空肠部分改变液体的运转，使肠腔积液而引起腹泻。ST 与霍乱毒素无共同的抗原关系。

　　肠产毒性大肠杆菌的有些菌株只产生一种肠毒素，即 LT 或 ST；有些则两种均可产生。有些致病大肠杆菌还可产生 vero 毒素。

　　可通过饮用受污染的水或进食未熟透的食物（特别是免治牛肉、汉堡扒及烤牛肉）而感染。饮用或进食未经消毒的奶类、芝士、蔬菜、果汁及乳酪而染病的个案亦有发现。此外，若个人卫生欠佳，亦可能会通过人传人的途径，或经进食受粪便污染的食物而感染该种病菌。

（1）通过食物传播

O157H7 大肠杆菌主要是通过污染食物而引起人的感染，O157H7 大肠杆菌的致病能力和对胃酸的抵抗力均较强，对细胞的破坏性大。因此很多国家将 O157H7 大肠杆菌引起的感染性腹泻归为食源性疾病。在世界各地报告的暴发中，有 70% 以上与进食可疑食物有关。

动物来源的食物，如牛肉、鸡肉、牛奶、奶制品等，是 O157H7 大肠杆菌经食物传播的主要因素，尤其是在动物屠宰过程中，这些食物更易受到寄生在动物肠道中的细菌污染。另外蔬菜、水果等被 O157H7 大肠杆菌污染也可造成大肠杆菌感染爆发。

1982 年和 1993 年在美国发生的 O157H7 大肠杆菌感染性腹泻的暴发，就是由于食用了某快餐连锁店的汉堡包引起的。研究证明，汉堡包的牛肉馅被 O157H7 大肠杆菌污染。据专家估计 100 个菌就可使人发病，而 1 个汉堡包的牛肉馅里可含有 1000 个细菌，足以使人得病。

英国曾发生一起与食用蔬菜有关的 O157H7 感染暴发。

1996 年 5—8 月在日本发生的世界上最大的一起由 O157H7 大肠杆菌引起的暴发流行，可疑食物是牛肉和工业化生产的蔬菜。

1991、1993、1996 年在美国发生的 O157H7 感染暴发被证明了食用被污染的苹果汁和苹果酒。

1998 年，中国黑龙江省卫生防疫站首次从市售的熟猪头肉中分离出 EHEC，表明中国也存在由该菌引起食物中毒的危险。

（2）通过水传播

1989 年，在美国密苏里州发生了的一起 O157H7 大肠杆菌感染暴发，共发病 240 多人。调查表明，该起暴发可能为水源性，是由于饮用水被污染所致。加强饮用水源的消毒管理后，疫情得到了控制。

1989 年 12 月—1990 年 1 月在加拿大某镇也发生了一起 O157H7 大肠杆菌感染暴发。在 2000 多名居民中，发病 243 人，发病率 11.6%。经证实也为水源性暴发。原因为天气寒冷，供水管道堵塞，导致市政供水系统受污染。

除了饮用水受到污染可造成感染外，其他被污染的水体如游泳池、湖水及其他地表水等都可造成传播。这也进一步说明了 O157H7 在外环境中的生存能力较强，引起人类感染可能并不需要在外环境中进行增菌。

1991 年在美国的俄勒冈州发生的一起 O157H7 大肠杆菌感染暴发，怀疑是湖水被粪便污染，感染者在湖水里游泳时不慎喝了湖水而被感染。

对 1992 年在苏格兰发生的一起 O157H7 大肠杆菌感染的调查发现，一个患病儿童在一个家庭用的大水盆里玩耍，污染了盆里的水，结果用过同一盆水的儿童都先后发病。

1996 年在日本大阪发生 O157H7 大肠杆菌感染暴发后，鉴于 O157H7 大肠杆菌可经水传播，有关当局关闭了大阪市的 23 个公共游泳池和 515 所学校的游泳池。

（3）密切接触传播

人与人之间的密切接触也可引起 O157H7 大肠杆菌的传播。

一个人感染了 O157H7 大肠杆菌后，常通过密切接触的方式把细菌传染给其父母、子女、兄弟姐妹或其他与之密切接触的人，如老师、朋友、亲戚等。

在医院里，也发生了多起由于护士照料病人而感染了 O157H7 大肠杆菌的报告，并且得到了病原学上的支持。

值得指出的是，在人与人之间的传播过程中，二代病人症状往往较轻，很少出现出血性肠炎。可能是由于接触传播时感染剂量小或经人传代后细菌毒力减弱。

在上述三条传播途径中，以食物传播为主。有人对美国自 1982 年起发生的 100 多起 O157H7 暴发流行的感染途径进行统计，发现食源性的占 71%（52% 为牛肉制品，大部分与快餐店中的汉堡包有关；14% 为水果、蔬菜；5% 来源于未知食品）、16% 为人与人接触感染、12% 为水源性感染。

若便后携带的细菌没有及时清理干净，将会对我们的生活卫生造成影响。

预防方法：

1.进食或处理食物前，应用肥皂及清水洗净双手，如厕或更换尿片后亦应洗手。

2. 保持双手清洁，经常修剪指甲。

3. 保持地方及厨房器皿清洁，并把垃圾妥为弃置。

（四）设计理念

（1）在合适的时间做合适的事情

华罗庚的统筹方法，是一种安排工作进程的数学方法。它的实用范围极广泛，在企业管理和基本建设中，以及关系复杂的科研项目的组织与管理中都可以应用。同样在学习生活中也能起到很大的作用。

（2）传统卫生习惯以及新型卫生间对传统习惯的改变

日常生活中，人们存在许多不良的传统卫生习惯，这些习惯会在很大程度上影响我们的身体健康，新型卫生间的设计会极大程度降低或避免各种病菌对我们卫生及健康的侵害。

（五）新卫生间的设计方案

1.洁手系统

（1）洗手池用水采用喷雾式，节约水源且冲洗更全面洁净。洁手器装在离地面 30~40 厘米的墙体上，面对着使用者。当使用者在上完厕所后要起来之前，可将手放入洁手器，洁手器将自动感应并喷出水雾。水珠密度适中能够全面地清洁手掌。清洁过手部的水将自动流入一个收集水的系统内，用于冲便池等。使水能够二次利用，做到最大限度的环保。

（2）干手不使用烘干机，烘干机耗电且烘干速度慢、效率低。

2.贵重物品安放处

面对使用者的墙体上设有贵重物品安放台，使用者进入卫生间后可将贵重物品（如手机、平板电脑、钥匙、钱包、手提包、背包等贵重且易掉入蹲台内的物品）暂时安置。贵重物品安放台设有提醒装置，当大于等于 100 克的重量压在放置台上后，提醒装置会开始工作，每 3 分钟进行一次提醒，以免使用者忘记带走自己的贵重物品。当物品拿起后，提醒装置将自动停止工作。

3.智能化冲水

当使用者使用洁手器清洁手部时，洁手器的感应带动冲便系统。洁手器以及门把清洗系统中的水将被回收再利用，使用过的水对便池进行冲水，提高水的利用率，以节约水资源。

4.门把手自动清洗

当使用者如厕离开后，门把手将进行自动冲洗。门把手设计与汽车门把手相似。当开门后，清洗系统将开始运行，停顿 5 秒后开始冲水，使门把手保持洁净。

三、优点和长处

优点一：解决了上完厕所先洗手还是先提裤子这个尴尬的问题。

先洗手、再提裤子。缩短了洗手的距离，提高了卫生水平，减少了细菌的入侵，从而提高了人们的卫生水平。

优点二：洗过手的水没有直接通过下水道流走浪费，储存并重新利用。

平时人们洗过手的水大都随着水流流入了下水道，极大地浪费了我们赖以生存的水资源。在我们这种新型卫生间中安装的净手系统并没有将这些可利用价值高的水白白浪费掉。而是用一个储水系统将洗过手的水再次收集起来，用来冲厕所，既环保又节约。

优点三：能很好地应对有洁癖的这一特殊的人群。

生活中有洁癖的人比比皆是，有些严重的人每天都听得到他们抱怨这不干净那不干净的声音，尤其是在上厕所的时候。如果他有了这种新型卫生间，他还会在说什么呢？

优点四：应用领域广。

这种新型厕所不仅可以进驻五星级酒店，也可以走进平凡人的家里，每一个需要用到厕所的地方都可以建造这种方便的新厕所。

四、设计图示

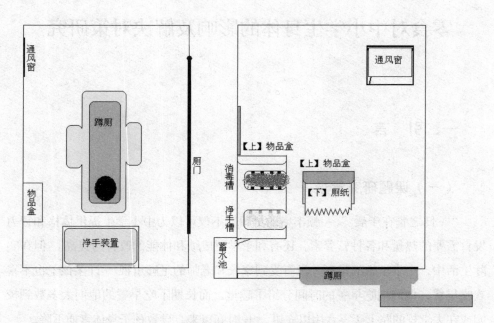

实用新型公共卫生间设计图

零食对中小学生身体的影响及解决对策研究

一、引　言

（一）课题研究背景

"一日之餐在于晨。"一顿丰盛的早餐，不仅可以为中小学生提供体格和智力发育需要的热量和各种营养素，还有利于学习成绩和体能的改善与提高。但在实际生活中，中小学生的早餐并没有受到家长和老师的足够重视。许多孩子也不喜欢吃早餐，他们把吃早餐的时间分给了睡觉，而长期不吃早餐的他们大多数到校园或在去学校的路上买零食用以充饥。长时间以来，导致孩子身体素质下降。

零食的种类有很多。其中，冰冻食品（包括冰淇淋、冰棍等）、方便食品（包括方便面、饼干、火腿肠等）、糕点（包括蛋黄派、沙琪玛、铜锣烧等）是消费者摄入频率最高的含添加剂的零食，除此之外，膨化食品、蜜饯、糖果及腌渍食品也很受市场青睐。孩子在选择的时候，因为没有经验，买的零食大多存有安全隐患。如今因不按时吃饭而长期食用零食导致中小学生身体健康得不到保障或将身体搞垮的新闻时常见诸媒体。就如一媒体报道，青海市一位叫强强的 16 岁中学生因经常吃零食而患上了糖尿病。这给他的学习和生活带来了很大的不便。据此新闻报道，青海市医院发现的中小学生糖尿病患者的发病大多与他们的不良生活习惯及肥胖有关。

那么，就青海市中小学生患糖尿病这现象而言，发病的最终原因是什么？这种现象该怎么解决呢？对此我们该有什么建议？

为了找到这些问题的答案，我就对有关青海市的这类中小学生因零食而导致身体健康得到威胁的情况进行了研究。因此，我把题目设为"零食对中小学

生身体影响研究"。

（二）课题研究意义与目的

　　青少年是祖国的栋梁，青少年时期正处于人生的起步阶段，他们的身体健康不仅影响他们个人的一生，而且也影响着一个民族的发展与兴旺。零食对中小学生身体健康的影响程度已经超出了人们的想象范围。因此，我觉得研究零食对中小学生的身体影响这一问题十分有价值。

　　我希望通过我的研究，能够让更多的中小学生了解到零食对身体的影响的相关知识，避免因为对零食这方面的知识的缺乏而盲目食用导致身体健康受到影响。我们希望对于这方面问题的研究能使得人们对零食对身体健康影响有着足够的关注和重视，使问题有一个好的解决方案。但基于能力、精力限制，我的课题的研究只限于校园。但我还是希望通过我的努力，为中小学生能够拥有一个好的解决零食对其身体影响的方法添砖加瓦，奉献我的绵薄之力。

（三）课题研究内容

1. 中小学生对零食的食用情况
2. 中小学生食用零食的原因
3. 中小学生因食用零食而对身体造成的影响
4. 减少零食对中小学生身体影响的方法及相关对策

（四）课题研究方法

1. 收集资料
2. 校园调查（问卷）
3. 访问校医室老师

二、正　文

（一）中小学生对零食的食用情况

情况概述：我们学校共有 30 个班级，大概有 1500 名同学。学校有一个小卖铺，他们除了经营一些学生的学习用品外，还卖一些比较便宜的食品，很多食品都是"三无产品"，主要有烤肠、冷饮、巧克力、辣条、火腿肠、膨化食品等等。我们对全校在校吃饭的 160 名同学购买这些小食品的情况进行了一周的调查，发现除 12 名同学一次未买以外，其他的 156 名同学都曾经购买或多次购买过。

1. 实例：早晨六七点时，郑州市某中学旁边的小吃摊前，露天摆放着热气腾腾的馒头、包子、麻辣串等食品，小凳子上坐着清一色的学生。因为当时时间紧人又多，有的干脆站在路边吃，小吃摊旁边放着两桶水，孩子们用过的碗全靠这两桶水了。评点：孩子们急急忙忙吃那些麻辣又滚烫的小吃不利于消化和吸收，另外，小摊食品往往存在卫生隐患，有可能病从口入。

2. 零食的内容很广，包括糕点、饼干、糖果、蜜饯、炒货、膨化食品，甚至瓜果类。如今，人们生活水平提高了，对食用的要求也有所提高。但中小学生并没有注重健康问题，他们大多关注味道与外观，从而导致一些不卫生的零食在市场大卖。

3. 中小学生大多数在早晨起床起得晚，没有足够的时间吃早餐。而俗话说得好，"一日之餐在于晨"。于是，很多家长就给孩子许多零用钱，希望他们能够到学校买点面包、饼干之类的东西吃好吃饱。孰不知，一日日地吃面包、饼干或路边摊上的饼之类的零食对中小学生的身体健康极为不利。

4. 吃零食对中小学生而言，是一个极普遍的现象，然而一日日地从早到晚地吃零食已日趋对中小学生健康构成了威胁。家长、老师们甚至中小学生自己并未对这一现象给予足够的重视并采取措施。在调查中，大多数人认为吃零食是一件很正常的事情，并不需要重视以及减少食用。

5. 在收集资料时，我发现教室里的垃圾篓里满是零食包装袋，校园附近的商店也常常出现供不应求的现象。这一现象更加让人忧心忡忡，而且经过我的细心观察，许多同学在课间都在吃零食，严重影响了学习时间的安排。

6. 绝大多数中小学生在吃零食时并未想过其对身体健康是否有危害这一问题。他们大多是盲目地食用零食。

（二）中小学生食用零食的原因

1.大多数家长工作都很忙，没有时间给孩子们做早餐，他们大多数是给孩子零用钱让他们到路边摊吃早点。所谓的早点不过是一些粥和油炸的食物。这些食物营养低且对身体健康不利。还有的孩子由于时间太紧而省去了吃早餐这一重要环节。

2.零食的味道独特、鲜美，类别各式各样，又很方便携带，方便食用。零食的外包装很有吸引力，精美漂亮，一上市就引起很多学生的关注。

3.有些孩子起床晚，有赖床的不好习惯，所以早餐就吃得很仓促，有的孩子甚至不吃早饭，到学校后买一些不卫生、没营养的零食来充饥。

4.再一个是学生的自制力比较差，难以禁得住零食的诱惑。经调查，大多数同学都是看到别人吃零食时也禁不住想吃，于是便盲目地食用。

5.由于部分同学存在着偏食、挑食的习惯，不喜欢家里做的饭菜，或者吃饭时没有吃饱，就经常到小店买零食填肚子。

6.学生吃饭时间相隔太长，大多数学生在没放学之前就会感到饿，于是就就近取材，到小卖部买零食充饥。

7.家长每天给孩子的零花钱过多。

（三）零食对中小学生身体的影响

1.大多数不吃早餐的中小学生从早晨起体内的蛋白质、钙和某些维生素摄入量就不足，整个人看起来昏昏沉沉的，没有活力，上课也不能集中精力听讲，从而导致课堂效率低下，形成恶性循环。

2.快餐会使中小学生摄入大量的饱和脂肪酸，导致心血管病发生率增高，对学生的身体健康极其不利。

3.医生说："不吃早餐，胆汁经常淤积在胆囊里，会越来越浓，最后形成胆结石，会影响胃酸的分泌和胆汁的排出，减弱消化系统的功能，容易诱发胃炎、胆结石、胃溃疡等消化系统病症。

4.会影响食欲，妨碍消化系统功能，结果损害了身体健康。整天零食不离口，还能使胃液分泌失调，消化功能紊乱，食欲减退，对正餐不感兴趣，结果必需的营养素得不到保证，热量摄入也不够，必然影响健康。另外，吃零食也容易引起感染。

5. 食用零食过多，而不吃主食，长期下来会患上糖尿病，身体一点点虚弱，经常有晕倒的现象。

（四）减少零食对中小学生身体影响的方法及相关对策

1. 政府要加大食品安全管理力度，对食品安全严以把关，坚决打击食品添加剂，使中小学生的生命健康权得以维护。

2. 有关零食部门也要严以律己，制作出安全、卫生、合格的食品，做诚实守信、信誉度高的部门，对所有人民的身体健康负责。

3. 有关部门要治理学校小卖部及周边摊点，对他们销售的食品做检查，确保没有对学生身体状况有危害的食品后，再允许出售。

4. 学校要配备几名营养师，给学生的一日三餐制订出合理的方案，让学生享受到健康合理的膳食，为学习生活做好铺垫。

5. 建议学校每天清早实行集体活动，例如跑步、做操等。这样就可以解决学生赖床的不好习惯，能起到强制学生用餐的效果。同时，学校应准备好足够的饭菜，建议学校每天早餐准备足够的鸡蛋和热牛奶，确保每一个学生都能吃饱、吃好，吃得健康合理。

6. 学校要重视各个班级的健康教育课，要经常对学生进行一些食品卫生相关的教育，使同学们从小都知道怎样更好地生活，保证自己的身体健康不受侵害。

7. 家长们应对孩子们的早餐有足够的关注和重视，如果每天早晨家长能早起一会儿，便让孩子们的早餐问题得到解决。如此一来，中小学生的体格和智力发育所需的热量和各种营养素便得以保障。中小学生的健康也就了保障基础。

8. 中小学生自身也要重视自己的身体素质，要知道身体是革命的本钱，当然，吃零食是一件很普通的事，但要把握一个度，偶尔吃一次两次还可以，但绝对不能长期食用。在选择零食时，要注意食品的卫生问题，看准生产日期及相关信息，防止病从口入。

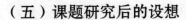

（五）课题研究后的设想

1.民以食为天。 人们不可能脱离食品，而零食对人们的生活而言也越来越重要。 而我国又是农业大国，假如食品安全得以保障，我国食品在世界所占的名次将更进一步。 这对我国而言是一个很好的发展前景。 就如奶粉系列所出现的"三聚氰胺"现象，不仅对我国婴儿的健康造成了威胁，而且，也严重影响了我国奶粉品牌在国内外的销售前景。 所以，食品安全对我国的发展有着很大的重要性。 食品安全问题得以解决，将对国家、人民（即我的研究对象中小学生）是极为有利的。

2.家长们如若足够重视早餐问题，那么中小学生对零食的食用量将会减少一大部分，那么中小学生将不会因为食用过多零食而摄入大量热量和糖分而导致患糖尿病等一系列疾病。 如此一来，中小学生的身体素质便得到了保障。将会把心思多放在学习方面，祖国的未来还要靠正在成长的中小学生。 他们知识水平的提高将会和祖国的发展前景联系在一起，密不可分。

3.我们可以构想一下，当政府对食品安全有着足够的重视以后，各种与食品有关的部门严以律己以后，我国的整个食品市场将会是一个怎样的景象？ 是的，我们国家的食品将会在国内外的市场名列前茅，我国的经济也会有进一步的发展空间。

（六）我的一点建议

1.政府应制定一些更加严格的有关食品安全的法律条文。

2.家长要对孩子们的一日三餐有足够的重视，保证孩子吃好，提高孩子们的营养，使得孩子们的身体摄入足够的营养。

3.食品制作部门要严以律己，对人民的身体健康负责。

我的心得：

通过本次研究性学习，我知道了很多研究方法，也得到了很多帮助。 我懂得了团结和向别人虚心求教。 这次研究性学习，使我们小组成员通过自己去观察、调查、思考并得出结论，对生活充满好奇心，使人生价值观得以实践。

附1：中学生零食与健康调查问卷

调查对象：＿＿＿＿＿＿＿＿ 调查时间：＿＿＿＿＿＿＿＿

1. 一天三餐在什么时候会吃零食？

   □早餐　　　　□中餐　　　　□晚餐

2. 你喜欢吃什么？

   □蔬菜　　　　□水果　　　　□面食　　　　□零食　　　□肉类

3. 在吃零食时是否注意到营养均衡？

   □是　　　　　□否

4. 你经常吃零食吗？

   □经常　　　　□偶尔　　　　□没有

5. 你一天吃零食的消费是多少钱？

   □0元　　　　□1~5元　　　□5~10元　　□10元以上

6. 你在购买零食时会看保质期吗？

   □会　　　　　□不会

7. 你吃了零食后还会想吃饭吗？

   □会　　　　　□不会

8. 你是否有去吃街边小食？

   □没去过　　　□时不时去　　□经常去　　　□很少去

9. 你认为零食不当会导致疾病吗？

   □一定会　　　□不会　　　　□可能会

10. 你觉得零食会影响生长发育吗？

    □会　　　　　□不会　　　　□不清楚

11. 你一般隔多长时间去购买一次零食？

    □每天都去　　□两三天　　　□一个星期

12. 你会注意零食的原料和成分吗？

    □会　　　　　□不会

13. 你喜欢吃以下哪类零食?

　　□糖类　　　□薯片　　　□饼干　　　□其他

14. 你认为小卖部卫生达到标准吗?

　　□达到　　　□没有　　　□不知道

15. 你有吃零食的习惯吗?

　　□有　　　　□没有　　　□无所谓

16. 你喜欢到哪里购买零食?

　　□小卖部　　□街边摊贩　□大型超市　□连锁店

17. 在购买零食时你比较注重以下哪方面内容?

　　□质量　　　□口味　　　□品牌　　　□其他

18. 你能抵挡得住零食的诱惑吗?

　　□还行　　　□能　　　　□完全不能

19. 你经常在课堂上吃过零食吗?

　　□经常　　　□偶尔　　　□没有

20. 写出几个你经常吃的零食?

问卷调查的数据统计:

　　本研究小组通过调查发现,大多数学生对零食的了解不是很深,对零食的危害也不是很清楚。这次我们共发出 100 份调查问卷,据统计,有 53% 的学生在中餐时吃零食,中餐不仅补充早上摄入不足的能量,也为下午贮存营养因此,中餐时吃零食必定会影响营养的摄入量;有 40% 的学生认为吃零食不会对身体造成影响,然而零食含有大量的防腐剂、色素等各种食品添加剂,对人体是有害的;有 36% 的学生每天都吃零食,有 44% 的学生两三天吃一次零食;有 76% 的学生喜欢吃糖类、薯片和饼干之类的零食。从这些数据可以看出,同学们对零食造成的健康问题并不了解,也不重视。因此我建议同学们多了解零食与健康方面的知识,合理地安排和选择零食。

附 2：访问校医有关零食问题

访问满载而归

1. 问：校园中刮起一股"零食风"，对于这个潮流你有什么看法？

答：这种风气当然不好，很有必要对这种风气进行纠正和教育，改变这种不良的风气。

2. 问：你对中学生吃零食有什么建议？

答：零食还是少吃为好。零食对人来说只能当作一种应变的食品，如果学习工作累了或是肚子饿时，可以适当吃点零食，但是不能当作三餐来吃。另外选择零食也要选一些对人体有帮助的营养食品，要卫生、检验合格的食品。如果有吃零食的毛病一定要改正，零食吃多了，容易造成血糖升高，上课注意力不集中，影响学习。

3. 问：介绍一下零食与健康的关系？

答：许多零食含有添加剂、色素，对人体有害。零食一般都缺乏营养素。人体吸收不到营养，就会对生长发育造成一定的影响。另外也容易导致许多疾病，零食吃多了还会影响正餐饮食，造成恶性循环。

4. 问：你对中学生在健康饮食方面有什么建议？

答：要合理饮食，营养要均衡，不挑食、不偏食、不暴饮暴食，多吃些蔬菜水果等膳食纤维。

5. 问：现代中学生的健康问题越来越受到社会的关注，其中营养不良、肥胖等问题更是关注的重点，对此你有什么看法呢？

答：是的，现在人们的生活水平提高了，但饮食习惯方面存在缺陷，比如偏食，又如营养过度导致的肥胖，而肥胖又会导致高血压、高血脂等，应该加强科普教育，让学生及家长们知道怎样才是合理健康的饮食习惯。

中学生的"追星风"调查

郑州市第十二中学：黄昊亮　指导老师：张红勋

一、引　言

（一）课题研究背景

相信如果你在大街上随便问一个人，他心中的明星是谁？相信你肯定会得到千千万万个不同的答案。就像莎士比亚所说："There are a thousand Hamlets in a thousand people's eyes."在不同的人心里会有不同的明星。在 20 世纪 50 年代初期，人们心中的偶像肯定是毛主席；20 世纪 70 年代，学生心目中的偶像可能是董存瑞、黄继光等革命先烈；20 世纪 80 年代初，学生心目中的偶像可能是爱因斯坦、爱迪生等科技巨匠。随着社会的发展和变化，在当今这个信息高度发达的社会中，各种各样的明星就像是雨后春笋一般冒出，他们以其靓丽的外形、俊朗的面容、迷人的身材和天籁般的嗓音，使得一代又一代的青少年们为之倾倒、疯狂，"追星族"的队伍也日渐庞大起来。关于明星的各式各样的新闻成为人们关注的焦点。

（二）课题研究意义与目的

处于高中生阶段的我们，正处于人生之中一个重要的起步阶段，追星不仅影响高中生的未来，也会影响到国家的发展与兴旺。所以，追星是社会上不可忽视的一个重要问题。因此，研究追星对中学生的影响这一问题十分有价值。

我希望通过研究，让更多的中学生了解到追星对自身影响的相关知识，避免因为对追星方面知识的缺乏而导致追星的自身影响过重，以至于最后可能后悔莫及。我希望对于这方面问题的研究能使得人们对于追星对中学生的影响有着足够的关注和重视，以使此问题有一个好的解决方案。但基于能力、精力限制，我的课题的研究只限于中学生。但我还是希望通过我的努力，为中学生能正确地追星，奉献我的绵薄之力。

（三）课题研究内容

1. 中学生追星的原因

2. 追星的利与弊

3. 追星的正确态度

4. 得出结论与心得体会

（四）课题研究方法

1. 资料查阅法

2. 问卷调查法

3. 访谈调查法

4. 文献法、统计法

二、正　文

（一）追星的原因

1.感情需要

寂寞的少年需要友情，渴望成熟的少男少女需要获得情感共鸣……当代少男少女生活在一个物质丰富而情感贫瘠的环境里，独生子女的现状，使他们缺少兄弟姐妹之间的手足情；紧张、繁忙的现代生活节奏使他们的父母很少关注他们的内心世界。他们又正处于心理断乳期，极需要情感抚慰与思想交流，内心敏感、恍惚，情绪波动极大。他们需要平衡自己，需要诉说内心的种种体验及对青春的种种感觉，需要诉说自己友情的失落，诉说朦胧的爱情，需要诉说成长中的种种烦恼以及伴随青春而来的种种苦涩。这时候，那些以优美的歌喉动情地吟唱着温馨的情感、美好的未来、艰辛的人生的歌星们款款而来，他们的形象新鲜时髦，他们的歌曲委婉、真诚，直逼心灵。在歌声中，少男少女仿佛听到了来自心灵深处的自言自语，心灵深处的迷惑与憧憬；这些戴着由舞台、灯光、美丽时装构成的光环的歌星们，一时间成了少男少女最遥远而又最亲近的朋友，这些朋友不像身边的朋友那样飘忽不定，不易把握，只要你一心一意地"爱"他或她，就能在他或她的歌声中、荧屏形象中获得感情交流与心灵的沟通。可以说，少男少女追星心态之一就是追求友情，追求心灵的共鸣。

2.向往成功

成功，是少男少女的强烈愿望，明星们的光环令他们看到成功的荣耀与辉煌。每个人都渴望拥有成功的人生。事业的成功是人生成功的主要内蕴。从一踏进校门，抑或从刚刚懂事起，孩子们就被长辈们谆谆教导，长大要有出息，要成就一番事业。那么歌星、影星们的知名度，伴随知名度而来的荣耀与财富，令少男少女逼真地看到了自幼便朦朦胧胧的成功，他们渴望成为这样的辉煌成功者。于是，他们热情地追随眼前的成功者。很多少男少女就是抱着这种寻求成功者之所以成功的奥秘的心态，而成为狂热的追星族的一员。

3.追求时髦

现代丰富的生活潮流、多彩的社会风景，促使少男少女总想成为社会中独特的一族。然而他们中的很多人其实并没有自己独特的喜好，只是社会上流行什么，他们就追什么。哪位歌星走红，他们就追哪一位。昨天剪断头发，一副李宇春的男子汉气概；今天梳着披肩发，一副张含韵的清纯浪漫；明天描了黑眼圈，显示出王菲的忧郁伤感。

4.崇拜心理

中学生们所追的名星，男的大多英俊潇洒、风流倜傥，扮演的也多是些义胆冲天、侠骨柔肠的铮铮铁汉；女的则羞花闭月、沉鱼落雁，扮演的也多是些娇媚可人、善良温柔的亭亭玉女；球星也都英姿勃勃、气质逼人，在赛场上更有翻云覆雨、左右全局之势。这些难免让正处在青春期的少男少女们羡慕、迷恋、崇拜，甚至疯狂。

5.寻求解脱

课堂、家庭、操场，三点一线的生活太单调；相比之下，歌厅、舞台、酒店，"外面世界"真精彩。学校与家庭的枯燥无味使他们幻想得到解脱，做自己想做的事，潇潇洒洒地生活。

6.从众心理

在中学生中，追星现象很普遍，势力也很大，以至本来没多大心情追星的同学，为了不被看作"落伍"，不被视为"异端"，也自觉不自觉地入了流。

7.发现理想的未来自我

很多少男少女便是如此卷入"追星族"的。少男少女在最爱编织梦幻的季节里编织未来的梦，并从所崇拜的"星"们身上，印证他们的梦。他们追星的过程，实际上是在不断勾画理想的自我形象，并使这理想的自我逐步成为真实自我的过程。所以，他们为那些与他们心目中理想自我形象相似的"星"，捧出了少男少女最真挚的感情和最热情、最强烈的崇拜。

（二）追星的利与弊

1.积极意义

有相当一部分青少年能正确追星和崇拜偶像，并且有自己独特的见解。他们没有盲从，能正确分析偶像的优点和不足：追星是为了追求明星的亮点，学习明星好的东西，并以此树立一个好榜样，以"星"作为自己人生的奋斗目标和奋斗动力；在学习和生活中严格要求自己，培养自己积极奋进的精神，这样青少年们的发展有了方向，有了目标，使之不会盲目前进；青少年们崇拜明星，并使他们获得了明星成功的"秘诀"及成才的方法，利用这些方法，推动

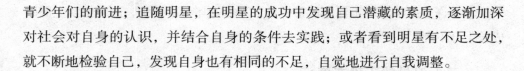

青少年们的前进;追随明星,在明星的成功中发现自己潜藏的素质,逐渐加深对社会对自身的认识,并结合自身的条件去实践;或者看到明星有不足之处,就不断地检验自己,发现自身也有相同的不足,自觉地进行自我调整。

2.消极影响

也有不少青少年由于辨知能力有限,缺乏社会经验,甚至不懂得什么是自己真正需要的,不懂得偶像身上哪些东西才是值得自己仿效的,不能分清是非黑白,只是盲目地跟风模仿,只是一味崇拜,盲目学习,连明星的不良生活习惯等都一概兼容并包。还有人起初模仿明星的言行举止、穿着打扮,进而发展到模仿其生活方式等,相互攀比,对学业荒废不顾,憧憬着能像某明星一样被星探发现后一夜成名,沉醉于自己的幻想世界中,结果把自己弄得面目全非,还丢失了自身原本很宝贵的自然、纯朴。

有些青少年为了看明星的演唱会而逃学,整天沉迷在明星的世界里,这是不现实的,也是不可取的。还有些青少年对于别人对自己喜欢的明星有不好的评价,就坚决拥护自己的明星,不允许他受到任何伤害,所以,对批评偶像的人动手动脚,这说明了我们青少年的自制力还比较差,对偶像的过于拥护,容易造成情绪上的波动,他们似乎成为明星们忠实的"奴仆"。

3.追星利弊总结

(1)利的方面

①青春偶像所具有的一些好的品质对中学生有很大的影响力。像有的青春偶像参加公益活动,中学生会很踊跃、很积极地去参加,偶像们在活动中表现出来的一些好的品质也会让中学生印象深刻,把它作为榜样去学习、发扬。

②可以为中学生确定自我发展方向提供一定的帮助。

(2)弊的方面

①影响青少年正常的学习生活。例如很多男生半夜起来看篮球赛,影响正常的作息时间;有的甚至逃课去参加偶像的见面会,看偶像的演唱会……这都会严重影响青少年的日常生活。

②有许多中学生对于偶像过于模仿，不分好坏全部模仿，这对中学生健康成长十分不利。

（三）追星的正确态度

1.不盲目追星

你所崇拜的"星"应该是真正值得你崇拜的，不应该是徒有其表，更应该有高尚的人品和超凡的气度；不应该仅仅吸引你的目光，更应该能震撼你的心灵。

2.不疯狂追星

不要过度花费时间和钱在追星上。因为，"星"的光环不应该罩在你的身上，更不应该成为你生活的全部，我们正处在学习阶段，更应把精力放在学习上，不应该花更多精力在追星上。

3.摒弃狭隘心态

同学们所崇拜的偶像有同有异，不能因为偶像的不同，就对别的同学持排斥甚至敌对的态度。

4.善于吸收

善于从自己所崇拜的偶像身上吸取积极的人生经验，悟出他之所以成功的原因，总结出偶像走向成功的秘诀，并结合自身条件加以实践。

总之，不要在追星中失去你自己，因为你最终只能成为你自己。

（四）得出结论与心得体会

1.结　论

通过这次调查分析，我们总结出以下结论：偶像崇拜是青少年成长过程中一种正常的心理表现。因此，对于这个问题，我们不应该把它视作一种不正常的现象。而应把其视作青少年在这一时期的迷茫表现。从青少年的这一心理特征出发，我们应该从科学的角度来理性认识这一问题，理解青少年的心态。

偶像崇拜是青少年对人生追求的体验，是人生的一个重要过程，每个时代的青少年都有自己人生的理想、心目中追求的人生目标和偶像，当前的追星也是这样。因此，对追星现象和偶像崇拜既不要一概反对，也不要放任自流出现问题，而要积极引导，使之理性化。

我们主张热爱明星、学习明星、争当明星，反对盲目崇拜明星、依恋明星、丧失自我。热爱而学习，以明星为榜样，激励自己，与明星同行，既是社会之需，也是个人之求，亦是明星之所愿，如此才有利于社会和青少年的进步。把明星视为偶像，盲目崇拜、依恋，从而丧失了自我，则是错误的。明星者，人也，有其长，也有其短，有其超人的天赋、智慧和技能，也有其不如常人之处，不必迷信，无须崇拜。

我们主张人的全面发展，努力提升科学精神和人文精神，反对片面追求，伏地生存。对于演艺界、体育界的真正的明星，做出独特贡献的人物，如冼星海、聂耳、郭兰英、李宁等，应当尊敬，更应当学习。对于科技界、教育界、实业界以及军界和政界的人民之星，如钱学森、李四光、陶行知、粟裕等，也应该尊重和学习。而只知道演艺界的明星，不知道科技界的明星，是一个危险的信号；只知道场面的热烈，不懂得艺术的品位，则是一种悲哀。所谓伏地生存，指的就是这种长期生活在艺术低层的精神状态。青年就是未来，未来是由成长构成的，没有科学精神和人文精神的成长，就没有未来。

2.心得体会

"追星"这个词是现在非常流行的用语。"追星"现象在当今社会普遍存在，特别是在我们中学生中，似乎哪个学生不追星，哪个学生就有问题。种种现象促使人们不得不去关注这个潜伏着不少不安因素的问题，而这也是我们把"追星"这个热点作为研究课题的原因。

做研究课题的过程是辛苦的，我们第一次接触这种工作，觉得应该很简单，不过遇到的困难自然更多，我们灰心过、争吵过也不重视过，但最终痛并快乐着。在初期的讨论中我们就出现了许多分歧，因为意见不一在初期就慢了别人一步，但是经过我们整组人的不懈努力还是跟了上来。我们还是坚持到了最后，并且按时地完成了预定的任务，这也在很大程度上给我们以鼓励。

通过这个课题的研究，我们发现，"追星"现象确实有着不小的危害，不少中学生迷恋于明星们靓丽、帅气的外表、完美的身材，甚至还效仿他（她）们叛逆的性格作风，可对有些明星为了金钱而背弃做人的基本原则的"真实面目"却一无所知甚至视而不见！如果一个人仅仅靠外表来迷惑众人而不注意内心的修养，试问他（她）还有什么值得我们去崇拜？！

当我写到这里的时候，我心中有一种如释重负的感觉。把心里所想的全都说了出来，心中多了一份喜又多了一份忧。喜的是经过若干个月的努力之后，我们换来了心血的结晶，我们的"革命道路"算走完了一半，忧的是不知我们的论文是否能使各位朋友所深思，是否能对现代最普遍的追星现象有深一步的理解，获得更多的启示？

不过总的来说，当我将要给这篇论文画上完美的感叹号时，我的心中还是被收获的喜悦占满了。我们收获的不只是几张写满字的纸，而是在研究过程中所取得的精神，对，就是精神！我们在研究过程中所明白的一根筷子很容易掰断，但一把筷子却不会，这就是合作的力量，所以我们需要合作，而不屈不挠，勇于面对困难并克服困难的精神，这是通过这次实践活动我们获得的最大感受。我相信无论是现在或是将来它所带给我们的将会是一生不能磨灭的积极影响和往后学习的最好航标！

附1：中学生追星调查问卷

调查对象：＿＿＿＿＿＿＿＿＿＿调查时间：＿＿＿＿＿＿＿＿＿＿

1. 请问你的性别是 （　　）

　　A. 男（51.3%） B. 女（49.7%）

2. 请问你有没有喜欢的偶像？ （　　）

　　A. 从来没有（30.7%）　B. 以前有而现在没有（21.3%）

　　C. 一直都有（49.0%）

3. 请问你喜欢的明星的性别是 （　　）

　　A. 男（48.2%）　　　　B. 女（51.8%）

4. 你喜欢哪一类的明星？ （　　）

　　A. 影视明星（70.0%）　　　B. 体育明星（18.7%）

　　C. 政治明星（4.6%）　　　D. 商业明星（4.0%）

　　E. 其他（2.6%）

5. 当你发现明星就在你身边，你有什么感受？ （　　）

　　A. 不觉得怎么样，因为他们也是普通人（39.3%）

　　B. 适度关注，他们确实是有吸引人的地方（34.7%）

　　C. 极度兴奋，疯狂为他们欢呼（26.0%）

6. 你会花费一大笔钱去购买一张演唱会入场券吗？ （　　）

　　A. 绝对不会（48.7%）　B. 会考虑（39.3%）　　C. 一定会（11.3%）

7. 对自己喜欢和崇拜的明星的熟悉程度如何？ （　　）

　　A. 只是认识，知道名字，看过他们的表演或节目（58.0%）

　　B. 知道他们的基本情况，例如身高、体重、爱好、家庭等等（16.0%）

　　C. 努力地搜集有关他们的一切消息和新闻（19%）

8. 下面哪句话更恰当地表达了你对喜欢的明星的情感？ （　　）

　　A. 仅仅是喜欢而已，并认为他（她）也是一个普通的人（45.3%）

　　B. 喜欢并愿意了解他（她）的一切（16.0%）

　　C. 崇拜并作为自己的偶像（38.7%）

9. 这些明星吸引你的地方有哪些？ （　　　）

　　A. 漂亮的外表（31.3%）

　　B. 喜欢他们演的角色或者节目，喜欢听他们的歌（66.0%）

　　C. 在台上出色的表演，言语幽默，反应机智（41.3%）

　　D. 他们让你在学习之余放松、休息（26.7%）

　　E. 他们的敬业精神、工作态度都值得我们去学习（32.0%）

　　F. 他们在自己的领域取得的成就值得我们敬仰、崇拜（36.7%）

　　G. 其他（22.7%）

10. 和其他同学比较起来，你每天花在欣赏明星的歌、电视电影及有关报纸杂志网页的时间如何？ （　　　）

　　A. 很少（60.0%）　　B. 比较多（15.3%）　　C. 很多（18.7%）

11. 身边的同学朋友疯狂追星，对此你的看法是？ （　　　）

　　A. 反感，觉得无聊（36.7%）

　　B. 觉得没什么大不了（32.3%）

　　C. 如果有必要，自己也会去做（32.0%）

12. 你觉得心目中有一个偶像，有一个为之努力的目标意义大吗？ （　　　）

　　A. 意义很大（25.3%）　B. 有一定意义（53.3%）

　　C. 无意义（20.7%）

13. 你觉得现代中学生追星现象是利大还是弊大？ （　　　）

　　A. 利大（28.7%）　　B. 弊大（32.0%）　　　C. 利弊相当（39.3%）

14. 作为中学生，你怎么看待追星行为？（开放题）

15. 你认为文明追星、健康追星应该怎么做？（开放题）

青少年自控力差的成因及对策研究

高二（7）班　林金楠　指导老师：张红勋

一、引　言

（一）课题研究背景

在现代社会的笼罩之下，人们的压力在层层加重，似乎有一股神秘的"黑暗"力量在向人们发出挑战，而它主攻的对象，便是存活于"压力"的襁褓中的——"自控力"。但是，在当代社会中，一提到自控力，每个人似乎都知道是怎么一回事，但真正理解它的人却寥寥无几。那么自控力究竟是什么呢？下面，就与我一起来探索吧！

（二）课题研究意义与目的

青少年是一个国家的未来和希望，而一个人的自控力往往是在青年时期就已经形成的，且一个人所形成的自控力的因素来自于方方面面，因此，探究自控力可以帮助我们了解它的形成，从而针对其形成探索出有效的提升自控力的方法，使我们每个人能够形成较高层次的自控力，从而能够更好地应对社会压力，帮助我们每个人都能更好地享受生活、爱生活。

（三）课题研究内容

1. 自控力的定义
2. 为什么人们要拥有自控力

3. 青少年自控力差的因素

4. 如何拥有自控力

5. 如何提升自控力

（四）课题研究方法

1. 收集资料

2. 小组讨论

3. 访问导师

4. 网络咨询

二、正　文

（一）自控力的定义

自控力，即自我控制的能力，指对一个人自身的冲动、感情、欲望施加的正确控制。

广义的自控力指对自己的周围事件、对自己的现在和未来的控制感。指你能否支配自己成功或者失败，你能否支配你的人际关系，你能否支配你的人生走向。

（二）为什么人们要拥有自控力

1. 自控力是一个人成熟度的体现。

2. 没有自控力，就没有好的习惯；没有好的习惯，就没有好的人生。

3. 最易干成大事的是那些能掌控自己的人。

（三）青少年自控力差的因素

1. 身心发展不成熟

孩子由于年龄的特性，神经系统发育不成熟，对于外界的刺激容易产生兴奋、难以抑制的情绪，抵制诱惑的能力差。这就是为什么家长能用一个新奇的玩具或好吃的东西轻易地吸引孩子的注意力。而且孩子认识能力有限，对是非分辨得不是特别清楚，所以出现一些冲动、控制能力差的表现是正常的。随着孩子年龄的增长，他们的自我控制能力会逐渐增强。

2.父母溺爱的教养态度

虽然孩子偶尔出现控制力差的表现无可厚非，但是如果孩子经常这样，家长就要反思一下自己是否为孩子提供了一个健康的成长环境。很多孩子一出生就成为家庭的"中心"，全家人围着他团团转，要什么给什么，这就让孩子形成了"说一不二"的习惯。孩子做事只凭自己的喜好，不能控制自己的行为。

3.父母的影响

孩子正处于模仿和好奇心旺盛的时期，喜欢"有样学样"。请家长想一下：带孩子出去玩，堵车的时候，你是否表现出焦躁的情绪？和孩子游戏时，你是否常常不耐烦？心情不好时，你是否常常发火并迁怒于孩子？你在生活中不经意的行为和情绪对孩子产生直接的影响。父母缺乏自我控制力，孩子在这方面也会表现不佳。

4.父母的忽视

有的父母因为工作太忙，疏于对孩子的照顾和管教，致使孩子从小缺乏亲子交流沟通，孩子难以对自己的行为产生控制能力。有的父母由于长时间没见到孩子的面，在和孩子相处时，孩子的一切言行哪怕是错误的，家长都不会严厉制止，这无疑对孩子的行为和家长的教育方式埋下了隐患。

5.家庭成员教育方式不一致

现在的家庭很多是"四二一"的模式，那么多的成人围绕着一个孩子，况且，成人教育观念的不同，势必导致他们教育方式的差别，两代人教育观念的差异，这也是原因之一。

（四）如何拥有自控力

控制自己往往是在自己理性的时候，而不想控制自己往往是在感性的时候。所以用理性的目标似乎不能解决感性的问题。我想每个人都有这样的感觉，没有人能够完全避免，所以只能改善。

第一步：首先不要有压迫自己的感觉，试着在生活中找一些自己做起来感觉舒服的事，比如放纵，偶尔地放纵。

第二步：然后再为自己制订一些小计划，难度不要太高，但一定要完成，完成不了，再找找原因，用一本心理历程的笔记本记起来，在迷茫的时候看看会帮助你改善自己的自控能力。

（五）如何提升自控力

1.认识恶习：它一定曾让你获益

"无论你现在怎么痛恨坏习惯，它一定曾让你获益。"广州晴朗天心理咨询中心的袁荣亲咨询师说，"认识坏习惯的这一特点，是改变它的第一步。"

某私营公司的文秘小刘有一个坏习惯：什么文件，她都会拖到最后的一刻才会拼命做。比如，公司周一开了次会议，老总让小刘最迟周四交上整理好的会议记录。无论周一、周二时间多么宽裕，小刘都不会先完成这份记录。她经常是一天十次、二十次地在电脑上打开一个文件，但每写几个字就会停下来，一个字都写不下去。直到周三的下午，她才会在电脑上对着键盘一通狂敲，如果下午完不成———这对小刘是家常便饭，她就会拖到晚上，搞到晚上十一二点甚至夜里一两点才下班。周四，她一定会一早来到单位，红着眼睛、带着一脸的疲惫把报告亲自交给老总。

小刘下了无数次决心，发誓要改变自己这一作风，但一年年下去，没有任何效果。

袁荣亲说，小刘知道，这是一个恶习。但她一直没有想过的是，这个恶习给她带来了不少好处。比如，同事们都知道她是"加班大王"，这个称号传到老总耳朵里，老总也从不批评她做事拖沓。这些好处成了奖励，强化了小刘办事拖沓的习惯。

这个恶习还有更深层的原因。小刘的爸爸对小刘要求很高，上学的时候每次做完作业，她爸爸都要检查一遍，一发现差错，爸爸会狠狠地批她一顿，斥责她不努力不认真。

最后，小刘发展出应对办法：熬夜在最后一刻才把作业完成。这样，即便爸爸检查出了错误，但因为知道小刘熬过夜，不仅不斥责她，反而会夸她用功。公司里其实也一样，老总是男性，面对老总就仿佛是面对老爸，小刘害怕老总斥责自己不努力，所以用了以往的应付方法应对老总。

"某一方式让自己在过去得到了很多好处，自己现在会无意识地去习惯运用它。"袁荣亲说，"这是一种特殊的'刻舟求剑'。"

2.接受恶习：它必然对应着一种"次人格"

恶习的对立面是自控。"自控"的表面意思就是"自己控制自己"，发誓改变恶习的人也很容易有这样的观念：我必须控制住自己。

但何常明说，这是对自控力的一个最大误解。当我们说"控制"时，就是将坏习惯当作了自己的对立面或敌人来看待。我们将坏习惯当作自己生命中的一个敌人，发誓要击败它。但实际上，所谓的击败不过是压抑。但它有时会被击败，但日后它还会发起攻击。这就好比是弹簧，你压抑得越厉害，它反击的力量就越大。这是很多胖子、酗酒者、网络成瘾者等人群在改变坏习惯时一而再、再而三失败的重要原因。

对我们来说，每一个坏习惯都有其好处。不仅如此，每一个坏习惯实际上都是我们人格的一部分，都反映着我们自己的深层需要。

前面说的小刘的例子，她之所以总把事情拖到最后一刻完成，既是为了逃避老总的指责，也是为了赢得老总和同事的赞誉。许多网络成瘾的孩子，他们之所以整日沉溺网络，要么是因为现实生活中缺乏爱，要么是学习压力太大了，一遍遍地重复学习实在太乏味了。

何常明说，我们必须认识到，每一个人做任何事情最终都是为了满足自己的一些深层需要，每一个负面的、损害性的行为背后都有一个正面的动机。如果认真聆听我们内心的声音，你会发现，生命中每一部分都是你的朋友，都是为了帮助你更好地生活。当你理解这一点时，就会带着感激的心去面对你本来仇视的缺点和恶习，开始把它们当作朋友来看待。这时，你就不会再像面对敌人一样试图去击败它们，而是去接纳它，了解它。这其实就是你人格的一部分，或者说是你的一个"次人格"。当你这样做时，这个次人格中所蕴含的能量就会被我们接受，成为我们生命中的一部分。

只有当你理解了，接受了，真正的改变才会发生。何常明说，这个过程被称为"次人格整合法"。

3.把恶习当朋友来接纳

你有过这样的经验吗？你必须在周末写出报告，否则会付出代价。但你却呆呆地坐在电脑前，脑子里空空如也，一个字也不愿意敲。你一会儿打开旅游网站，一会儿打开爬山网站，所有的内容你都看过了，但你还是一遍遍地刷新网页。你强烈地谴责自己，发誓再也不做这些无聊事了。但过了一会儿，刚写了几个字，你又开始刷新电脑网页了。

那么，换个方式。仔细地聆听一下你内心的声音，你会听见，你心中有一个部分在大喊：你整天做烦躁和劳累的工作，你太需要休息和娱乐了。现在，你要感谢这个"次人格"对你的关心和帮助，告诉它你一定会去。但此时此地，你必须先把手头的工作完成。这个时候，你会发现，那些曾经让你分心的想法不再纠缠你了，它相信了你的承诺。

真正能自控的人是内心和谐的人，他们将自己内心的每一部分需求都当作朋友来看待，这样每一部分都不会捣乱。这样的人不是试图控制或压制一些缺点，而总能从它们当中找到正面的信息。

如果不这样做，而是整天强迫自己完成这个义务，完成那个责任，那么，一个人就会发展出很多个与自己的主人格相敌对的次人格。从意识上看，这个人似乎很负责、很正常。但从潜意识看，这个人的内心中会有很多冲突。碰到这种情况，何常明说，他就会尝试用"次人格整合法"对他进行治疗。这个方法的宗旨就是：我们生命中的每一部分对我们都是有帮助的，我们必须把它们当作朋友来接纳。

但多数人没有这样的意识，他们对自己的胆怯、苦恼、恐惧、愤怒等脆弱的一面采取无视或排斥的态度。比方说，有一天早上醒来，你不想上班，有人可能教过你，要忘掉这种不好的感觉，对自己大喊几声"我很好""我很棒""我一定能行"等口号，用这种积极暗示压下内心那个无助而孤独的自己。这会起到一定效果，但最终会造成次人格与主人格的分裂。次人格并没有消失，而是被压抑下去，但说不定哪一天，它会来一个大爆发。

何常明说，在培训课上，他从不会教学员做压抑性暗示，而是教学员认真倾听自己内心的声音，理解自己脆弱的根源，并从这个根源入手来解决问题。

4.寻找动力：发现你内心的使命感

做了决定，但却迟迟不去执行，或者执行了一段时间就放弃了，而恶习仍在继续。之所以屡屡出现这种情况，其根源是没有找到使命感。何常明说，强大的使命感才是促使我们改变的发动机。

比如，很多人都下定决心减肥，但却屡屡失败，一个很重要的原因是，他们到底是为了什么而减肥？或者说，减肥的动力是什么？为了保持健康，从而让自己生活得更美好，更好地帮助家庭，养育子女，还是就是为了看上去更漂亮？

如果减肥的动力只是外部动力———让自己看起来更苗条，那么，减肥是很容易失败，因为周围人的评价总是七嘴八舌、意见不一，减肥者很容易受到周围人的打击而自暴自弃。并且，这样的理由也不足以让一个人全身心地奉献。很多人发誓减肥后没几天就放弃了目标，只好屡屡抱怨"我就是没办法自律"。实际上，任何人都做不到"随便做一个决定，然后就能100%地实施"。要保证自己的誓言得到坚持，就必须给这个决定找到足够的理由。

一名摔跤队的选手考上了北京大学，当时他的体重是210斤。在大一大二期间，他多次发誓减肥，但每次都是没坚持几天就放弃了。两年过去了，他的体重没有任何变化。但进入大三后，他只用半年的时间就将体重减到了160斤。为什么会这样呢？原因很简单，他谈恋爱了，爱情给他的减肥找到了足够的理由，这催发了他的使命感。

何常明说："按照我的经验，最大的问题不是自律，而是我们没有花费工夫确定愿景———为什么要改变？我们没有求助于内心深处的价值观和动力，没有求助于我们生命中最重要的。"

听听你内心的声音，了解一下，你真正想做的是什么，那才是你的动力之源泉。初恋的时候，和心爱的人初次约会时，你会拖延吗？当你热衷一个电子游戏时，你会拖延吗？答案很简单。当你真正想做一件事情时，动力会从内心自动产生，你自然会获得自律。不要从外界去寻找迫使你改变习惯的东西，因为它们很容易被你放弃。

"当你真正喜欢做一件事时，自律就会成为你的本能。"何常明说，"这就像玫瑰要绽放，茉莉有芬芳，鸟儿会飞翔一样。所以，请记住，增强自控力的唯一根本在于要找到你真正爱做的事情是什么，真正想成为怎样的人，也就是要找到你的人生使命。"

5.培育好习惯：兑现承诺，从小处做起

学会了和"次人格"对话，又找到了改变习惯的使命，是不是就 OK 了呢？

绝非如此。尽管最重要的问题解决了，但改变恶习仍需一点：立即去做。因为，每一个旧习惯对应着的神经回路是无法消失的，只能靠新习惯打造更强大的新神经回路，用新的神经回路去战胜旧的神经回路。新的神经回路一开始必然是脆弱的，要用它战胜旧的神经回路，最好采取一些聪明的策略。

（六）提高自控力的对策

1. 从最容易的事情开始。一开始不要给自己太大的压力，只规定一些小的任务。比如，查出明天要拨打的电话号码，记下来，今天的事情就完成了；拿出所需要的资料，放到桌子上，不用急着开始工作。

一开始不要急着做大的决定，要慢慢开始，在一些小的方面向自己做出承诺并且遵守这些承诺。让你的内心引导你做出承诺。承诺一旦做出了，无论怎样微不足道，都要遵守下去。

知道这样做的意义何在呢？何常明说："当你做出承诺并履行承诺时，你会对自己越来越满意，你做出及履行更大承诺的能力就会增加，简单地说就是你会越来越自信……我们每个人肯定都有过这样的经验：你知道什么该做，并真的那样做了，你会觉得很开心，你会对自己很满意，会获得心灵的宁静。"

他说："在这个世界上，分裂是最大的痛苦，堤坝分裂会导致洪灾，地表的分裂会导致地震，山峦的分裂会带来山崩，爱情的分裂会带来离婚，同样你和自我的分裂会带来一生的痛苦和遗憾。人生最大的痛苦莫过于知道自己该怎么做却没有去做，你会自责，你会对自己不满意，你会觉得自己是渺小的，不讲信誉、不可信，总而言之，就是你开始不信任自己，自信心降低了。

2.每天必须做一件事情。你可能曾经给自己做过很多承诺，但都没有坚持下来。那么，不要想一天把它们全实现。试着每天只规定自己必须完成一件事。这很容易实现，而实现的喜悦就是一种强化，会使你的新习惯更强大。

3.每天必须不做一件事情。你可能有很多坏习惯，你成了它们的奴隶。不要企图一天把它们全消灭，试着规定自己每天必须不做其中一个习惯。

4.不要积累太多的未完成事件。每个未完成事件都会吞噬你部分心理能量，无论这些事情多么不起眼。

5.有决定胜过没有决定。你可能有太多的想法，但很多想法相互矛盾，所以他干脆一年一年地什么都不去做。你试图去梳理你的这些想法，却一直没有梳理清楚。

那么，无妨随机选择其中一个想法，只要它是你内心的愿望，不是你要做给别人看的。就从它开始去做，去为它努力，一步一个脚印地去实现它。做，总比坐着想更能提高你的自信。

三、参考文献

［1］中华心理学网
［2］某网友提供
［3］王老师博客

四、研究性学习的体会与感受

经历了漫长的探索之后，我们终于完成了这篇报告，我们大家的心情都无比激动。 在这个过程中我看到了何为"团结就是力量"，在大家"如释重负"微笑的那一刻，我便知道——我们已经胜利了。 现在回想起来，我犹记得大家为找到能够达成一致课题时的烦恼，虽然有一些课题被我们无情地淘汰掉了，因为"社会的竞争"就是这么无情与激烈，但是只要是被提出的课题，我们在接下来的日子里仍会慢慢地一起对它们进行探索。 在探索的过程中，我们对自控力有了一个全面的了解，我们也更加了解到了知识的重要性，只有拥有非富的知识储备，才能真正拥有开阔的视野，才能真正提升自身各方面的能力，感谢"研究性学习"，在未来的日子里，我们一定还会一起研究、探索！

实用新型万能讲桌盒

郑州十二中　　史天赐　张智朝　指导老师：张红勋

一、设计项目的提出背景

我们小组参与学校创新实验室开展的研究性项目设计活动，根据老师的提示和我们的观察，发现教室中的重要部分——讲桌上有很多问题亟待解决。一是老师或同学们使用黑板擦以后，粉尘较多，难以清除，在班里的地上和墙角上，经常发现有黑板擦敲打粉尘留下的痕迹。二是老师在使用粉笔时，拿取粉笔时不方便，大部分老师在开始使用粉笔时，有掐粉笔头的习惯，绝大部分粉笔头不被老师使用，造成了粉笔使用率较低的情况。三是教学设备的钥匙一般有专人管理，经常有管理人请假、钥匙丢失等现象，给教学和使用带来极大不便。

二、解决方案及原理

首先制作一个长宽高合理的盒子。盒子的功能有：

1. 黑板擦存放、除尘装置。该装置采取振动方式，将存放的黑板擦进行有效除尘，并且配有专用粉尘收集装置。利用发条振动的能量，敲打黑板擦手持面，粉尘掉落，落入带有网状的粉尘收集盒内。

2. 具体方案

（1）为了解决粉笔使用时，拿取不方便的问题，我们决定将白色粉笔采用按压式、彩色粉笔采用自取式的方式进行拿取。按压式拿取方式类似于大多数饭店拿取吸管的装置。

（2）为了解决大部分老师在刚开始使用粉笔时，有掐粉笔头并随意丢弃的现象，我们在盒子的一部分设计了削笔刀，方便老师使用。

（3）为了提高粉笔头的使用率，我们采用自动扣粉笔装置，加大粉笔头的长度，以便老师进行书写，提高粉笔头的使用率。可以采用自动铅笔的出铅方式，扣住粉笔头，使粉笔头加长。

三、装置主要结构

实用新型万能讲桌盒的结构主要有：黑板擦存放、除尘装置，粉尘收集装置，完整粉笔存放、拿取装置，粉笔掐去装置粉笔头长具。

四、设 计

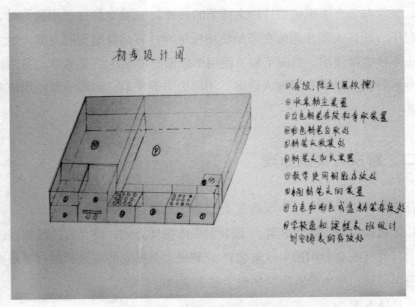

实用新型万能将课桌初步设计手绘图

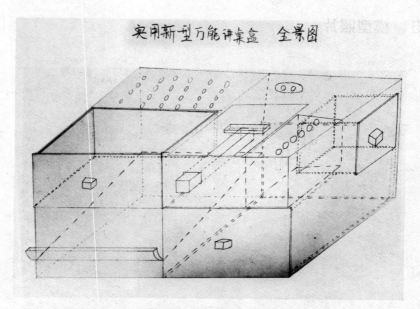

实用新型万能将课桌全景手绘图

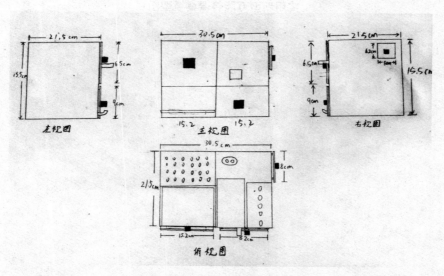

实用新型万能将课桌手绘透视图

五、模型照片

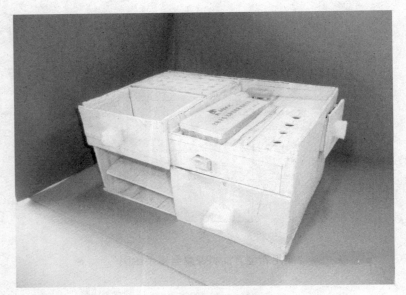

实用新型万能将课桌模型图

"一捏净"实用新型牙膏包装袋

郭毅　苏欣　侯燕妮　指导老师：张红勋

一、研究背景

每天早上起床洗漱我们都要刷牙，刷牙就要用到牙膏，但随着牙膏的使用，牙膏包装也会渐渐扁下去，有些犄角旮旯里的残余牙膏弃之可惜，用之麻烦。可是如果真的丢弃了话，全球 70 亿人口将会每天浪费成千上万吨的牙膏。所以，为了节约，我们设计了新的牙膏包装模型。

二、研究目的和思路

参考现行的牙膏设计，我们发现牙膏较硬的出口附近是造成牙膏浪费的主要部分，那里用质较硬较厚，人手一般很难将其挤压完全，所以我们就将设计新型的牙膏出口作为了重点研究对象。其次我们也发现，目前的牙膏包装设计都是采用了不透明设计，在包装上印有花花绿绿的各色广告或者牙膏特点的说明。这样一来，使用者很难判断牙膏用完与否，所以我们打算将包装透明化，使人们在使用时能够看到里面的牙膏剩余情况，方便挤取。同时在包装上也可以使用压膜技术，将厂方想表达的事情通过压膜印在外包装上，还能起到防滑的效果。

三、作品设计

根据我们的研究思路，我们的作品设计如下：

①外观使用全透明的软塑料进行包装。

②牙膏口采用塑料拉锁的结构方式，就是我们常见的用于塑料文件袋上那种一拉就密合的拉链结构。仅采取一小段作为开口使用。

③放弃旧的圆筒式包装，采用新型的枕头式包装，口开在宽的一边。

四、作品图示

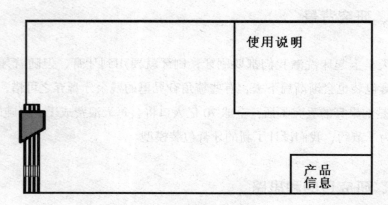

整体外包装俯视图

整体的外包装是枕头型，因为主视图俯瞰下去是一个长方形。左侧部分为拉链，拉口的一段设计成斜式，可以将管里多余的牙膏在拉的过程中挤回牙膏袋子里，避免了浪费。

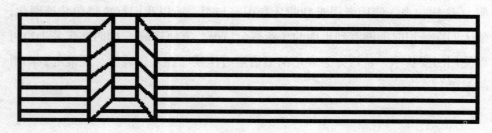

拉链口一览

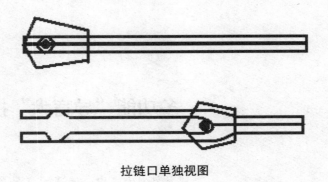

拉链口单独视图

五、主要创新点

1. 我们针对目前造成牙膏浪费的主要原因提出了解决方案，就是新型的拉锁式开口。网上我们查询到另一种纸盒型的牙膏包装采用的也是拉锁式开口，但和我们的相差甚远，且效果也不会有我们的好。

2. 此外经查询我们也发现，我们的外形设计也是十分特殊的，目前还没有一样的设计。小巧的枕头装给人更贴心的感觉。

六、实物照片

 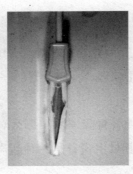 

实物照片

多功能"导盲犬"拐杖

郑州十二中：连通　指导老师：张红勋

一、设计项目的提出背景

盲人出行必定存在诸多不便，尤其现在马路上的车越来越多，于他们而言，更增加了他们的出行难度，有时我们还会看到人行盲道也摆放着自行车，而这些人何曾想过那些盲人的生活是怎样度过、行走在马路上的。因此，我设计了一款专门适用于出行不便的盲人的拐杖，希望他们能得到帮助。

二、解决方案及原理

1. 首先我设计了一款多功能"导盲犬"拐杖。拐杖的主要功能有：GPS 定位、超声波测障、语言识别、滑轮动力、伸缩装置。

2. 具体方案

（1）走在路上难免会有小坑或各种障碍物，那么对于盲人来说能顺顺畅畅地走路实在太难了。因此，我在拐杖上设计了一种超声波测障系统，它能在小范围内测到障碍物，从而发出警告。

（2）在手柄周围安装人性化的智能语音系统，你只要任意说出一个地点，就能在手柄后边的 GPS 定位系统中显示出来，但因为是盲人，哪怕位置信息显示出来也看不到，所以就需要得到一个东西指引，你可以控制弹簧的按钮、弹簧避震装置就会侧到一边（如图所示），小轮子会自动弹出，根据 GPS 上位置的指令，轮子会随着指令向前转动，给人以前进的动力，虽然很小，但人们会感觉到它前进的动力，准确来说，像牵着导盲犬一样，而不会迷失方向。

（3）为了满足不同身高的人的需求，我将拐杖分为三节，共两个伸缩装置，可根据情况任意收缩，并且携带也非常方便。

三、装置主要结构

1. GPS 定位系统	2. 收音机	3. 超声波测障系统
4. 语言识别系统	5. 手柄	6. 紧急按钮
7. 控制支架收起	8. 控制弹簧收起	9. 伸缩装置
10. 夜光漆	11. 支架	12. 弹簧避震
13. 轮子		

四、设计图示

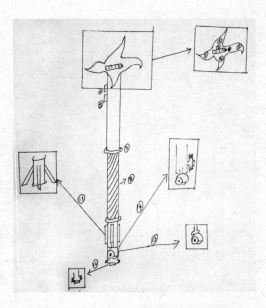

多功能"导盲犬"拐杖装置设计示意图

五、创新点

我设计的这款多功能"导盲犬"拐杖与一般拐杖有所不同，它主要是以GPS定位系统、语音识别系统与滑轮动力系统相连接为一体的、快捷且方便的装置，小滑轮虽看起来有些微不足道，但它可以产生带动人以向前的动力，加之语音系统与GPS定位系统的配合，可以指引盲人到想去的地方。

随心百变易洁窗

樊越华　张雅奇　郭毅　指导老师：张红勋

一、项目的提出

如今，在低碳环保倡议的大力宣传下，许多人尽量减少了空调的使用，打开窗户使室内通风，不可否认是一个很好的办法，目前使用最普遍的窗户便是平开窗以及推拉窗。但平开窗打开后比较占空间，不适合办公场所及学校使用。推拉窗则美观大方，但窗户最多只能打开一半，通风相对平开窗效果欠佳，并且，清洁起来麻烦，尤其是外面一侧。虽然有各种各样的外窗清洁器，但是还是无法彻底清除污垢。而且，把手伸出窗户外，既累又不安全。

由此，我们将两种窗型的优点完美结合，创造出一种新型窗户——随心百变易洁窗。

二、解决方案及原理

首先，我们没有改变窗户的大体框架结构，使用时能够平行滑动，也能够直接敞开，比如，敞开一半或完全敞开等，既利于通风，又美观大方。清洁时，不需要麻烦的过程，也不必为外窗清洁器等头疼。只需要将窗框一侧活扣打开，即可使窗户自由旋转，这样一来，室外的一面便可轻松地在室内清洗，使窗户不仅在通风效果上乐观，并且清洁起来也简单更多。

三、结　构

我们在每扇窗户的上下一侧各安装了一个活扣，活扣可分别向上下滑动5cm 左右，小窗框的一侧包边与上下窗框滑动凹槽间由圆轴结合。活扣扣上后，即成为推拉窗，能够在轨道中自由滑动。活扣打开，推拉窗即可变成平开窗，每扇窗户都可以自由转动，方便外窗一侧面向室内。小窗框上下里侧都有2cm 左右宽度的橡胶片，窗户的上下外侧，也有同样的橡胶片，当旋转窗与窗框平行时，橡胶片完美紧贴，可达到密封效果。

四、实物图示

随心百变易法窗实物图

五、主要创新点

1. 使用时能够平行滑动，也能够直接敞开。

2. 易于清洁，尤其是窗外一侧，只需要将窗框一侧活扣打开，即可使窗户自由旋转，这样一来，室外的一面便可轻松地在室内清洗。

3. 通风效果更佳。

关于风筝发电的研究

班级：高二（2）班　组长：孟超

组员：韦园园　沈子桢　耿雯倩　葛爽　赵清荷

指导老师：张红勋

完成时间　2011年6月5日

一、引　言

（一）课题研究背景

由于气候变化、能源危机，一场能源革命已在悄悄展开。地球上的石油、天然气，这些积蓄了亿万年的化石能源，经过数百万年的巨大消耗，最终将不可逆转地趋向枯竭。因此，充分利用水力、风能等可再生资源发电才符合循环经济的利用原则。于是我们想到了用风筝发电，它不仅质量小，发电量大，且可折叠，占地小。风能是一种永不枯竭的可再生能源，那么风能该如何有效利用，它给我们带来的好处有多少呢？带着这些为题，我们进行了一个学期的探讨与研究。

（二）课题研究意义与目的

随着能源危机日益临近，全球气候日益变暖的严峻局势，新能源的开发迫在眉睫，风能是丰富、近乎无尽、广泛分布、干净能缓和温室效应的。全球的风能约为 $2.74 \times 10^9 MW$，其中可利用的风能为 $2 \times 10^7 MW$，比地球上可开发利用的水能总量还要大 10 倍。据估计，风筝风力发电机每兆瓦时能产生 10 亿瓦的电力，而每兆瓦时的成本仅有 1.5 欧元。而欧洲国家每兆瓦时发电的成本平均为 43 欧元，显然，风筝风力发电机的成本是后者的近三十分之一。基于能力与知识的储备，我们所能研究的仅限于基础，但我们还是希望能通过我们的研究与努力做些什么，改变些什么。

（三）课题研究内容

1. 风筝发电原理
2. 风筝发电使用方法与条件
3. 风筝发电示意图
4. 风筝发电应用前景

（四）课题研究方法

1. 收集资料
2. 小组讨论
3. 访问导师
4. 网络咨询

二、正　文

（一）风筝发电原理

1. 野外探险用简易风筝发电装置原理：控制风筝受风力面积，使风筝上下浮动，带动位于地面的发电器发电。

2. 工业用大型风筝发电装置原理：风筝在风力作用下，带动固定在地面的旋转木马式的转盘，转盘在磁场中旋转而产生电能。

（二）风筝发电使用方法与条件

1.野外探险用简易风筝发电装置

首先需要一个特殊的风筝，能够在不同的风力下伸展不同的面积，不同的面积所受的风力也是不同的，通过控制风筝受力面积的大小，来间接控制风筝升降，这就需要风筝能够对叠。在对叠的部分可以用有一定弹性系数的弹簧连接，使其能够在风力的推动下折叠，在风力变小的情况下伸展。具体的情况应该是：当风筝飞向空中时所受到的风力会随高度的增加而增加，这时当阻力到达一定程度时，风筝叶会慢慢向后弯曲、折叠，减小受力面积，由于受力面积的减小，可以使风筝下降，当下降到一定高度时，所受阻力减小，风筝叶会慢慢升展开，受力面积增大，继续上升，在地面上的发动机上会安装一个环形发条，这个发条的作用是用来自动收缩绳子的，当风筝下降过程中，绳子会自动脱落，为了防止绳子缠绕在一起而添加，并且当风筝在上升过程中，会拉动绳子，这个时候，就会给环形发条上紧、收缩。这时候，当风筝下降的时候，依靠发条可以快速下降，带动发电机发电，也减短了风筝上下循环的时间，可以更快速地获得电力。

这种简易的风筝发电装置，使用条件也很宽松，只需风力能够让风筝飞起即可，这个风力只要达到二级以上就会有充足的电力，电压的问题也无须担心，一个小小的便携式变压器就可以解决，当然，市场上有简易的手动式小型发电器。但是，这种发电器必须时刻有人不停地转动才可发电，但是考虑到，经过一天的野外探险，人们大多已经筋疲力尽，对于这种不仅消耗体力，并且还需要时刻照看的发电器来说，人们大多是不喜欢的，而风筝发电器只需将风筝升上天空就会得到源源不断的风力，所以经过我们的讨论和研究，风筝发电器是很有研发和推广前途的，并且只要不遇到打雷下雨这种恶劣天气都可轻易使用。这个装置在不使用时可以折叠，减小占地面积，并且由于风筝制作所用材料，它的质量也会很小，并不会给人们带来很大的负担。这对于喜爱野外探险的人们来说或许是一个很好的消息。

2.工业用大型风筝发电装置

大型的工业用风筝发电装置，所使用的风筝并非我们在公园常见的那种类型，而是类似于风筝牵引冲浪的类型——重量轻、抵抗力超强、可升至2000米的高空。它的工作原理很简单：把旋转的12组风筝放到2000米的高空收集风力，来牵引一个直径100米的旋转木马转盘进行发电。转盘在磁场中旋转而产生电能。对于每个风筝而言，转盘都会放开一对高阻电缆，控制方向和角度。地面的风速小，并且不稳定，所以利用地面的风发电也是不稳定的。对高空风况的研究表明，高空中风能密度可达到地表面的100倍，风向、风速稳定，适合风力发电。高空存在稳定的环流风，风速大且稳定，本文所研究的风筝发电机能够达到这样的高度，它像风筝一样升入高空，然后能够送回来源源不断的电能，并且发电能力强，无噪音，无污染，对应对现如今世界上的温室效应、环境污染、能源枯竭有很大帮助。

据估计，风筝风力发电机每兆瓦时能产生10亿瓦的电力，而每兆瓦时的成本仅有1.5欧元。而欧洲国家每兆瓦时发电的成本平均为43欧元，显然，风筝风力发电机的成本是后者的近三十分之一。当然也不用担心它的使用条件。在东经100°~130°附近，北纬30°~50°之间的10千米高空，大风不停，风能密度可达到地表面的100倍，风向、风速稳定，最小时的风速大于15米/秒，不必担心风筝在无风时会掉下来，适合风力发电。至于风筝占用了飞机航线高度，通过雷达，调整风筝高度或位置解决。国家类似炼油厂、核发电厂上空划出禁飞区来解决。核电站退役后，这些地方是风筝基础发电机组的绝佳场地。在这样的空间中，一个风筝系统的发电量可达1兆瓦，这个量与核电站的发电能力相仿。

（三）风筝发电示意图

1.野外探险用简易风筝发电装置示意图

正如上文所述，当风筝飞到一定高度时，由于所受风力过大，会迫使风筝折叠，即风筝上蓝红相间部分，两部分是由弹簧连接，蓝色部分会向后倾斜，当风筝下降到一定高度时，阻力减小，又会因弹簧而伸展开，再次上升，来回往复产生电流。

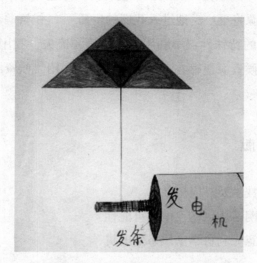

野外探险用简易风筝发电装置示意图

2.工业用大型风筝发电装置示意图

正如图上所表达的一样，这类风筝是异于我们常见的那种风筝的，上文已经讲过，在这里就不一一赘述。由多个风筝带动地面的旋转木马式转盘，而产生电力，而风筝发电装置所发的电量可以媲美核电厂，完全没有核电厂的投入多、风险大，并且利用的是风能这一新能源，对环境造不成任何污染。我们相信，在不久的将来，风筝发电装置一定会飘扬在我们的头顶，造福人类。

（四）风筝发电应用前景

或许你会觉得这很荒谬，正如 AEM 公司工程师安德里亚·庞塔说："当第一眼看到这个设计时，你会忍不住发笑，因为它的样子实在有些滑稽。不过，随着对它的了解逐步深入，你会发现，这个想法安全可靠，且这项技术已经存在。"并且如果这个实验成功的话，那将带来一场能源革命，一旦将光电发电、光热发电及风筝风力发电机有效结合在一起，或许它能满足日益上升的全球电力消耗的需求。每一次新型能源的开发都使人类经济的发展产生质的飞跃。风能的利用是如此，在可再生能源的开发利用中，风能是一种发展最快的清洁能源，并且风力发电是目前技术最成熟、最具开发前景的可再生能源之一，国际上，已进入商业化开发阶段，被誉为"绿色电力"。我们相信在不久的将来，可再生能源将更广泛地进入我们的生活。气候资源作为一种可再生自然资源，具有自身的特殊性，不利用会造成资源流失，利用不当则造成灾害。同时，开发利用气候资源还存在一定风险，开发利用气候资源时必须考虑防灾减灾。

四、参考文献

[1] 风能发电技术及其应用
[2] 中华工控网·用风筝发电的可能性
[3] 新华网·意大利科学家风筝发电机

五、研究性学习的体会与感受

本学期我们的课题是风筝发电。转眼间，12周已经过去了，我们开始完成最后的工作：结题。在研究期间，我们每周都会积极参与，认真完成。虽然这个过程看上去有些漫长，但随着时间一分一秒流逝，我们也在不知不觉中走过来了。

记得第一周开题的时候，当组长与我们确定好课题后，同学们都热情高涨，就好像在长时间的干旱之后，迎来了久违的甘露，滋润着我们的心灵。组长分配了任务后，我们立即分头行动，成员个个都很积极。于是，在这种氛围下，第一周的任务很快便完成了，而且过程轻松高效，没留下一点遗憾。经过12周的努力，我们终于结题了，结束任务时，我们谈论着各自的研究成果。每次结束本周的任务时，我们都欢声笑语，一次次的任务被我们圆满完成，我们都很高兴，回望过去那一周周的心情，至今历历在目。研究中相关的知识、发电原理、发电方法，那一切的一切都是我们用辛勤的汗水搜集来的，也都将在我们的欢声笑语中结束。

在这中间我们也有过分歧、有过争吵，但结局总是好的，因为我们的心是向着一个方向的。在画图过程中也有过困难，因为我们不会用电脑绘图，但是我们经过努力还是克服了。还有就是在最开始设计时，设计出来的方案不够合理，在这中间我们一起努力一起磨合，最终都得到了解决。我们认为研究性学习给我们的不只是知识更加广阔，还有团结、实践等对我们以后很重要的东西。

在研究的过程中，我们还懂得了：唯有扩大自己的知识面，只有在探究、实践中才能得到更多的实用的东西。回到起点，这一过程需要学习更多团结与合作精神，更多欢乐。唯有团结，上下一心，才能缔造奇迹，唯有欢乐才能持之以恒。

手机对高中生影响的调查与对策研究

组长：刘军建

组员：孙爽　赵玲　李宇轩　任世权　李俊龙

指导老师：张红勋

完成时间：2011年6月

一、引　言

（一）手机在社会中被广泛使用

随着科学技术的不断创新与发展，手机作为科学技术的成果，在社会中被广泛使用。根据最新调查，我国手机用户已突破6亿，居世界各国之首。手机的出现大大改变了人们的生活方式，手机成为传递信息最方便、最便捷的现代电子交流工具之一，深受广大人们的喜爱，人们使用它进行日常交流，有的学校给在校教师组织了"校信通网络"利用短信来帮助学校的日常安排，有些市都设置有市长热线，在应急求救中大受所用。总之，手机正成为人们便利生活中不可缺少的物品，而且手机使用人群也分布在各个年龄段中，中年人、老年人、在校学生等。

（二）手机对高中生的影响

现在，90后作为新生一代，很习惯地享受了科技发展的成果，手机、电脑、MP4、电子产品已经完全充斥于他们的日常生活中，手机在校园内的使用已经很普遍，因为手机功能愈加完善，高中生使用手机已不局限于通信，手机游戏、上网娱乐占据了高中生使用手机的大量时间，也有些同学将手机带进课堂，带进考场。有时第一天的玩耍影响次日的学习效率，甚至手机的品牌成为同学之间攀比的一方面，手机对高中生的弊端日益暴露。

根据这一社会现状，以及这学期以来学校加紧对学生带手机的处理所引起的矛盾，我们小组展开了"手机对高中生的具体影响"这一课题的研究工作。

（三）该课题的内容分为四部分

1. 手机对高中生的具体利害；
2. 社会各界对高中生使用手机的各种看法；
3. 为高中生使用手机提出合理化建议；
4. 组员实践感想与小组研究旨意。

二、正 文

（一）高中生使用手机的现状调查和分析

为了搞好本次研究性学习，我们小组设计了一份问卷，共印制 500 余份，在郑州市第十二中学高一、高二、高三 3 个年级进行调查。调查结果显示：学生使用手机用于紧急联系用途的为 6%，上网聊天 20%，通话聊天 49%（包括谈恋爱），玩游戏 11%，下载图片铃声 11%，拍数码照片 3%。而另一项关于学生持有手机的动机调查则显得更是离谱且近乎荒唐。43% 的学生认为只要家庭条件允许，不论需要与否，都应当配备手机；16% 的学生认为，手机只是为了满足个人虚荣心的需求，证明自己的家庭实力，作为相互攀比的依据之一；21%的学生认为，持有手机是为了除学习外的其他娱乐消遣；只有 11% 的学生是从实际联系的需要，考虑购买手机；另外 9% 的学生认为学生无须拥有手机。

（二）手机对高中生的具体利害

随着科学技术的成熟与发展，手机功能越来越全面，手机价格越来越低，手机的使用也越来越普及。根据最新数据，市区高校携带手机的人数占学生人数八成以上，手机对高中生的影响潜移默化，使学生依赖于这种即时通信工具，这本无坏处，享受科技成果，便利生活。但使用不当会严重影响高中生学习。比如说在上课时使用手机，在考场中使用手机，在夜间使用，影响第二天上课学习，都是手机利用不当所带来的负面影响。

手机娱乐功能严重影响学生，目前较为流行电子书籍的阅读，现代手机大多具备这样的功能，既便利又快捷，外出行走不能随身带本书，有重要事项不能随时记，而只需携带一部手机，即可储存上百本书籍，阅读方便，坐车、排队、等人时都可阅读，也可储存英语单词，随时记忆，在高中生中很流行这种阅读方式，但大多数学生所读并不是导师所推荐的读物，而是暴力、言情、黑道等严重危害青少年的垃圾书。像前两年某市女市民因爱玩 QQ 农场游戏而上演的真实偷菜。

手机所自带的拍照、录像、音乐播放等功能，在闲暇时使人们获得娱乐感受，既打发闲暇时光，又放松身心，但不正当的严重会影响高中生。比如上课时听音乐、熬夜看电影，这种情况在每个校区都有出现。

总的来说，手机作为现代科技的产物，促进社会发展，是没有错的。但作为一种客观事物，正确地使用带来正面作用，不正当地使用带来负面作用。高中生没有足够的自控能力，使用手机常常给自己带来不利影响。具体利害如下：

高中生使用手机的有利方面：

1. 即时通信，保证学生与朋友、父母的交流和日常交际。

2. 轻松娱乐、减压助学，比如偶尔听听歌、看看电影。

3. 使用应用、日常必备，比如照相、日历、记事本与手机融合，给人们带来便利，我们应当享受科技的成果。

高中生使用手机的不利方面：

1. 过度使用，伤眼伤神，手机等电子产品对人的辐射具有伤害性，会使神经疲劳、视力下降。

2. 不良信息，影响身心，暴力、色情充斥手机网络，严重影响青少年健康成长。

3. 使用不当，耽误学习，在公共场合手机响起，比如教室，影响教学，熬夜使用影响第二天的学习。在考试时使用，帮助作弊。

（三）社会各界对高中生使用手机的各种看法

手机在社会中越来越普及，高中生使用手机，已成为不可改变的趋势，而社会各界对此的看法各有不同，有支持亦有反对。

我国市场经济对于高中生这一消费人群，没有太多限制，高中生买来手机是很容易的事情，我国规定手机卡号实名制，但高中生使用手机普遍获得家长认可，办理手机卡也相对轻松。再加上手机价格很低、功能全面，高中生通过家长或自己获得一部手机并不困难，甚至移动、联通等网络运营商，也专门推出"学生型"套餐。可见，高中生手机人群并不被社会反感。

我国法律也没有明确规定高中生不得使用手机，但部分市区学校有"暂行条例"，限制高中生携带手机入校。这主要是学校为营造良好的学习氛围、帮助学生安生学习所采取的管理措施，当然，全面禁止在校内使用，学生在校时间占所有生活时间一半以上，这也严重影响了学生的日常交际，可见，该类措施有利有弊。

从家长愿意给孩子购买手机来看，家长本意是同意学生使用手机的，作为学生应该享受到社会的各种便利，并且驰骋于便利的使用，这才能培养出现代化人才。谁能想象刚毕业的大学才子，要学习使用手机，使用电脑，这如何能保证现代化的建设，怎能跟得上社会的潮流？只有跟随潮流才能引领潮流。

同学之间对于手机的使用已司空见惯，不使用手机沟通反而不方便，学校对此进行约束，由此产生学生与学校之间的矛盾，但学校措施的落实不可能完全保证学生不携带、不使用，由此引发的各种冲突和问题也时常出现，使社会各界不得不重新审视对待高中生使用手机的态度。

（四）为高中生使用手机提出合理化建议及使用对策

任何事物都有双面性，我们要用辩证的思维去看待，取其长而避其短。手机的问题主要集中在如何利用，好的利用可以沟通家人、朋友，也有某些团伙利用手机来诈骗、设下陷阱。决定性在于我们如何看待。

高中生大部分性格尚未成熟，自制能力不强，很容易鉴之于主动或被动的情况下受到手机不利的影响。在此提出以下建议，希望能够端正高中生对手机的态度，在不影响学业的情况下，享受手机所带来的便利。

1.不应贪玩手机，手机辐射对人身伤害非常大，而且手机亮光也会造成青少年近视。

2.避免在不适当场合使用，比如考场，在此状况下使用手机是绝对禁止的。在医院、教堂、法院等重要场合避免手机响起造成的不必要麻烦。

3.杜绝垃圾、色情内容，合理利用和手机上网功能，不登录色情网址，不观看暴力低俗小说。

4.不拿手机品牌攀比，本着节俭使用手机的目的使用手机。

（五）组员实践感想与小组研究旨意

李俊龙：研究性学习，通过它我学会了很多东西，也让我知道了很多以前我不知道的东西，可真是我们认识社会、了解社会的好帮手，所以，我们大家都喜欢上研究性学习课，而且我们在这样的课上想研究什么就研究什么，我们可以把我们的好奇心往外扬。

李宇轩：通过研究性学习的学习，我收获了很多，但这个过程十分艰辛，因为收集资料需要耗费很大的精力，更要将他们整理归类，只有这样才能收集到有价值、对研究课题有帮助的内容，有了这次的经验，我相信会对我今后的发展有很大的帮助。

赵　玲：通过本次研究，我受益匪浅，体会到了团队意识，体会到了手机对学生的利与害等。我们这次的研究课题是"手机对高中生的具体影响"，从这个研究课题知道了手机对高中生的危害及影响，让我以后能够正确对待拿手机这个问题，希望我们的课题对同学们也有帮助，帮助他们正确对待使用手机这一问题，并能提高自己的学习成绩。

任世权：研究性学习是自高二以来新增的一门具有实践性、研究性的学科，内容新颖，深受同学们的热爱，我们六个人为一组共同讨论过近视、中学生带手机影响等问题，刘军建担任组长，在他的领导下，我们分工明确、团结一致，虽然在中间意见产生过分歧，但我们都能够做到相互忍让、和平解决，度过了一段美好的珍贵回忆。自从开课以来，我有很多收获，不仅增强了个人对事物的研究技巧和方法，另外还懂得团队的合作，要分工明确，分享力量，思想统一，意志坚定，并且要注意培养自身兴趣，但因时间不定，学校不够重视之外，我们做得不够彻底，到我们会抽取自己的时间，改变自己，创造条件，来更好地开展研究性学习，这就是我的一小段感受。

孙　爽：我们这组研究的是"手机对高中生的具体影响"，主要从利和弊方面展开，我负责收集资料，其实我找资料的任务还可以，问过老师和同学，还有电脑……过程虽然有点复杂，但结果真的令人满意，我相信风雨之后一定会有彩虹，收集资料然后发给组长，全组成员一起讨论，一起努力，看到我们的成果华丽诞生，真是感到欣慰啊，最后希望我们的成果让我们高中生更加了解使用手机。

刘军建：研究性学习能够锻炼新一代学生的实践能力、交际能力、处事能力，对学生的素质全面提高有很大的作用，其研究成果本无太大价值，但对于研究组成员来说是辛勤劳动的成果，来之不易，须加倍珍惜，这次的研究对我的写作能力、组织能力、团队意识都有很大提升。

小组研究旨意：

旨在帮助高中生树立正确的手机使用观念，不会被手机负面作用所影响到。本次活动也锻炼了本小组成员实践能力、交际能力、处理能力，符合素质教育的要求，促进了高中生的全面发展。

臭虫生活习性及预防叮咬对策研究

班级：高二（8）班　组长：张冰青

组员：陈珍珍　范梦洁　黄焕　孙萌　王雪　武亚杰　肖嘉惠

指导老师：王献让

完成时间：2010年12月29日

一、引　言

（一）课题研究背景

现在正值严冬，早已不见小动物们的踪迹。但一回想到炎炎夏日臭虫窗户上乱爬的场景，至今仍心有余悸。

实不相瞒，郑州十二中的校园绿化工作做得十分到位，放眼望去，校园里随处可见"年过花甲"的老树和焕发生机的绿草及红花。特别是春夏两季，用生机盎然和姹紫嫣红来形容，真的是一点也不过分！这样的桃园胜地也是各种小动物生活的乐园。其中怎么会少得了臭虫家族呢？炎热的夏天，空气本来就失去了春季的清新，臭虫们顺着窗户四处乱爬，它们走过的地方都留下了难闻的气味，使得原本就闷热的房间变得更加难以忍受。况且夏天人们容易浮躁，这样一来，使得原本就不安定的心变得更加躁动不安，十分影响同学们正常的学习和生活。

当然，臭虫的危害也是相当厉害的。它们播多种疾病，如回归热、麻风、鼠疫、小儿麻痹、结核病、锥虫病、东方疖、黑热病等，甚至还吸人的血！被臭虫叮咬后，常引起皮肤发痒，过敏的人被叮咬后有明显的刺激反应，伤口常出现红肿、奇痒，如搔破后往往引起细菌感染。这些都足以威胁人类的生命健康！所以，我们要为自己的生命安全采取一定的措施！

（二）课题研究意义与目的

往往生命的消失都是因为一时的疏漏，这样说也许会有些夸张，但我们小组的成员认为，凡事用心，才会防患于未然。了解我们身边的朋友，对症下药。只有在舒适、平稳的环境中，才会学得更好，生活得更好，百利而无一害，何乐而不为呢？

（三）课题研究内容

1. 臭虫的习性
2. 臭虫对人类的危害及其发病症状
3. 防治虫的相关措施

（四）课题研究方法

1. 收集材料
2. 访问导师

二、正文

（一）臭虫的习性

1.吸血习性：雌雄臭虫和若虫均吸血

臭虫吸血时常分泌一种碱性唾液，通过口器唾液管注入人体，防止血液凝固。通常每24~48小时吸血一次，每次吸血持续十几分钟。如有惊扰时，臭虫可换位叮刺。臭虫吸血时，一般并不爬趴在皮肤上，而是停立在紧接皮肤的被褥、衣服或家具上。除吸人血外，有时也吸鼠、家兔、鸡等动物的血液。臭虫极能耐饥，尤其在冬春季低温下不活动时，成虫可耐饥六七个月不死，若虫可耐饥两个多月。饥饿时雌虫产卵少，但不停止。

2.活动规律

臭虫喜群居，常大小几代集居于墙壁、地板、床椅等家具的缝隙中，并可随衣物、家具带往其他地方，臭虫畏强光，白昼躲藏在隐蔽缝隙里，夜间无光下出来吸血觅食。其活动高峰多在熄灯入睡后 1～2 小时和拂晓前一段时间。臭虫行动敏捷，既可向前爬行，又可侧行、倒退，每分钟能爬行 1~1.25 米，稍有惊扰就很快隐蔽起来。

3.栖息场所规律

主要栖息在住室内的床架、床板、棕绷、帐顶四角、墙壁、天花板、木柱、桌椅、书架、书籍等的缝隙内和糊墙纸的后面。在上述处所及其附近常有许多棕褐色的粪迹，可作为判断有无臭虫栖息的指征。

4.分泌臭液

臭虫能分泌一种异常臭液，作为防御天敌和促进交配之用。此种臭腺在若虫开口于腹部背面，于成虫开口于后胸侧面。

5.季节消长

臭虫于夏季极其活跃，繁殖旺盛，其最适温度为 20~30℃，相对湿度为55%~60%。冬季则停止活动和产卵，潜伏在家具、墙缝中不食不动，虽天气寒冷也不能完全冻死。到翌年春季气温转暖时复开始活动。

（二）对人类的危害及其发病症状

1. 被臭虫叮咬后，常引起皮肤发痒，过敏的人被叮咬后有明显的刺激反应，伤口常出现红肿、奇痒，如搔破后往往引起细菌感染。

2. 叮咬时，其唾液注入皮内，中含异性蛋白质，可致局部红肿，奇痒难忍。若长期被较多臭虫叮咬，可产生贫血（尤其是营养不良者）、神经过敏及失眠、虚弱等症状，严重影响健康。

3.人被叮咬后，有些人可发生丘疹样麻疹，以小儿为多见。

（三）防治臭虫的相关措施

1.侵害调查

臭虫的侵害指征有粪迹、臭虫血迹、活臭虫等，以针挑法结合目测法检查可疑栖息场所（棕棚、床架、画镜线、板墙缝隙、桌椅、沙发等物件）的臭虫侵害指征，严重侵害场所能闻及臭虫的臭味。

2.环境防治

环境防治的目的是铲除滋生条件，即整顿室内卫生，清除杂物，对床板、墙壁、棕棚等容易滋生臭虫的缝隙，用石灰或油灰堵嵌，有臭虫滋生的墙纸必须撕下烧掉。

3.物理防治

（1）人工捕捉：敲击床架、床板、炕席、草垫等，将臭虫震下、处死，或用针、铁丝挑出缝隙中的臭虫，予以杀灭。

（2）沸水浇烫：臭虫不耐高温，可用开水将虫卵和成虫全部烫死，对有臭虫滋生的床架、床板等用具可搬至室外，用装有沸水的水壶口对准缝隙，缓慢移动浇烫，务必使缝隙处达到高温，以烫死臭虫及其卵，对滋生有臭虫的衣服、蚊帐，可用开水浸泡。

（3）太阳曝晒：对不能用开水烫泡的衣物，可放到强烈的太阳光下曝晒1~4小时，并给予翻动，使臭虫因高温晒死或爬出而被杀死。

（4）防止散布：在有臭虫活动的居室，对行李家具等物品的迁移（搬迁或买卖），务必严格检查，并做处理，以防止臭虫的带出、带入而造成播散。

4.化学药物防治

过去历来采用二二三、六六六、敌百虫、敌敌畏防制臭虫，由于二二三、六六六的停用，敌敌畏、敌百虫持效短暂，也由于这些有机氯、有机磷杀虫剂易使棕棚变脆、断裂，不仅群众不愿接受，而且也难以达到消灭臭虫的目的，所以这几种药目前已不再用于臭虫防治。

目前防治臭虫较好的杀虫剂是：溴氰菊酯类或高效氯氰菊酯类，可用于灭杀跳蚤和臭虫。有刺激性气味，小剂量低浓度对大型动物伤害极小，可使用于床上。

5.弱点进攻，以弱制强

（1）利用臭虫畏强光的特性，在校，异或在办公室，尽量拉开窗帘，开窗通风，保持空气流通。

（2）勤换衣物，保持个人清洁。勤打扫卫生，保持家中清洁。

（四）课题研究后的设想

1. 研究开发一种专门防治臭虫的药剂。

2. 改变房屋的设计，减少可以供臭虫繁衍的的环境。

3. 运用基因突变的知识，使得臭虫失去吸血的习性。

（五）我们的一些建议

1. 对于在校的同学来说，若因动物，就如臭虫来说，影响了正常的学习，可以及时向校方反映由学校出面解决问题。

2. 对于工作的人们来说，维持共同工作环境的清洁卫生是每个成员的共同责任，发挥集体的力量，无论用物理方法，还是化学方法，其目的都是将问题解决。

3. 对于家庭来说，保持家里干净整洁更是每个家庭成员义不容辞的责任，勤动手，及时发现问题，及时解决。

三、研究性学习的体会与感受

通过本次研究性学习，我们小组懂得了什么是合作，知道了一般的研究方法。访问了很多专业人士，尤其是我们指导老师给予了我们很多帮助。我们根据经验，总结了以下心得：

1. 保持人与动物和谐相处。无论这种动物对人类有多大的伤害，它都是自然界中的一部分，我们要在保护自己的同时，维持生态平衡。无论什么时间、什么地点、什么事件，这应该都是不变的硬道理。

2. 留心生活。在亲身体验中，探索适合于自己特定环境的防治臭虫的方法，因地制宜的思想，运用在日常生活中，改善我们的生活环境。

3. 发挥团体的力量，共同解决工作学习中的"疑难杂症"。

说实话，对动物习性的研究是小组成员的第一次尝试，每个人都是又惊又喜，同时也忐忑不安。但经过老师耐心的指导和组员们积极的配合，尽管课题的研究还没有达到理想的效果，但在我们的能力范围内，我们做到了问心无愧。

成功不是一个人的努力得来的，它是由每个参与者辛勤的汗水浇灌得来的。通过这次的活动，我们更加懂得了合作的重要性、观察的重要性、查阅资料的耐心和不懂就问的坚决。我想，我们的收获是满满的，而且我们更相信，每一个人，都会将这次的经验和收获运用到以后的生活和学习中，让它成为人生路上的导路石！

豫菜的特色及价值

班级：高二（10）班　组长：郑丞哲

组员：闫蕊　陈天帅　侯腾飞　张金玲　王田　郑丞哲

指导老师：张红勋

完成时间：2011年6月4日

一、引　言

（一）课题研究背景

豫菜作为中原烹饪文明的代表，发源于开封的豫菜虽然在南宋以后成为中国烹饪的地方帮派，但因地处九州之中，也就一直秉承着中国烹饪的基本传统：中与和。"中"是指豫菜不东、不西、不南、不北，而居东西南北之中；不偏甜、不偏咸、不偏辣、不偏酸，而于甜咸酸辣之间求其中、求其平、求其淡。"和"是指融东西南北为一体，为一统，融甜咸酸辣为一鼎而求一味，而求一和。中与和为中原烹饪文化之本，为中华文明之本。从中国烹饪之圣商相伊尹（开封人）3600年前创五味调和之说至今，豫菜借中州之地利，得四季之天时，调和鼎鼐，包融五味，以数十种技法炮制数千种菜肴，其品种技术南下北上影响遍及神州，美味脍炙人口。

但由于人们对豫菜缺乏了解，像川菜麻辣、粤菜清淡等，人们提起来就知道，而豫菜"口味适中、五味调和"的特点让人感觉不是特点。其次，豫菜的工艺复杂。历史上，传统豫菜是宫廷菜，一道菜需要几个小时，甚至1天才能做出来，不适合人们现在快节奏的生活习惯。再次，由于外菜厨师收入高，外菜受市场欢迎，经营豫菜的人逐渐改变豫菜工艺。最后，随着市场经济的发展，饭店成为独立的经济主体，营利成了饭店重要的追求目标。大量外菜进入各家饭店，豫菜馆及饭店设的豫菜厅逐渐减少，豫菜也逐渐被人们忘记。

所以，为了让广大的同学能了解豫菜，认识到豫菜的价值，从而保护、发扬、豫菜的特色，我们把课题题目限定为"豫菜的特色及价值"。

（二）课题研究意义与目的

豫菜是中国烹饪文化的一支，也是中原烹饪文化自仰韶文化以来的一个历史过程的结果。中原烹饪文化曾长期位居中国烹饪文化的主流，仰韶的彩陶、殷商的大鼎、洛阳周代宫廷的食制、北宋汴京饮食市场的繁华与经典书写了中原烹饪的文明，也是中国烹饪文化形成与发展的主要历史过程。郑州、安阳、洛阳、开封这些古都与历史文化名城都是中国烹饪发展史上重要的里程碑。但是现在很多人都遗忘了豫菜，很多饭店都不挂豫菜的招牌，这让我们感到心寒。豫菜的发展具有重要意义，因此，我们觉得豫菜的价值及特色这一问题十分有价值、有意义。

我们希望通过我们的研究，能够让更多的人了解有关豫菜的知识，能够让更多的人了解豫菜，以此来更好地发扬豫菜的价值。我们更希望能让更多的人关注豫菜这一问题，对于这方面存在的问题群策群力，使问题有一个较好的解决方案。基于能力、精力的限制，我们课题的研究范围只限于郑州市。但我们还是希望通过我们的努力，为豫菜的发展奉献出我们的一份绵薄之力。

（三）课题研究内容

1. 豫菜发展历史的概况
2. 豫菜中的特色菜系有哪些
3. 豫菜现在发展的概况
4. 我们应如何发展豫菜的特色

（四）课题研究方法

1. 收集资料

2. 社会（问卷）调查

3. 实地（录音）调查

4. 实验

5. 访问导师

6. 访问专业人士

二、正　文

（一）豫菜发展历史的概况

豫菜作为中原烹饪文明的代表，虽然在南宋以后成为中国烹饪的地方帮派，但因地处九州之中，也就一直秉承着中国烹饪的基本传统：中与和。"中"是指豫菜不东、不西、不南、不北，而居东西南北之中；不偏甜、不偏咸、不偏辣、不偏酸，而于甜咸酸辣之间求其中、求其平、求其淡。"和"是指融东西南北为一体，融甜咸酸辣为一鼎而求一味一和。中与和为中原烹饪文化之本，为中华文明之本。从中国烹饪之圣商相伊尹（开封人）3600 年前创五味调和之说至今，豫菜借中州之地利，得四季之天时，调和鼎鼐，包融五味，以数十种技法炮制数千种菜肴，其品种技术南下北上影响遍及神州，美味脍炙人口。

今日豫菜不失传统，尤长创新。它四方选料，独特涨发，精工细作，极擅用汤，调和五味，程度适中。不论干鲜老嫩，煎炒烹炸以一味领色、香、形、器，以一和而悦八方食客。从商、周宫廷的三羹、五齑、周八珍，隋、唐洛阳东西两市的大宴、素席，北宋汴京宫廷市肆的有美皆备，无丽不臻；数千年来，河南名菜可谓满天星斗，遍地锦装。商周古韵，汉唐遗风，汴京绝唱，仍强烈地表现在众多名品上。烧烤之方肋、羔羊、肥鸭，煎炒烹炸扒熘烩的糖醋软熘黄河鲤鱼焙面，牡丹燕菜，白扒广肚，炸紫酥肉，锅贴豆腐、翡翠鱼丝、卤煮黄香管、东坡肉，决明兜子、芙蓉海参、果汁龙鳞虾，三鲜铁锅烤蛋，煎扣青鱼头尾；口味独特的桶子鸡、天下第一的小笼灌汤包、甜美宜人的开花馍、外酥里嫩的鸡蛋灌饼，以及拉面、壮馍、土馍、菜盒、蒸饺、锅贴、煎包、烩面、焖饼、水花糖糕等琳琅满目的小吃，完全能让您领略中原烹饪文明的广博与深厚。从北宋流传至今的开封古楼夜市，入晚仍是人声鼎沸，尤显当年遗风。

在中原大地上随处可感受到豫菜所独具的文化与美味的综合魅力。

（二）豫菜中的特色菜系有哪些

十大名菜：糖醋软熘鱼焙面、煎扒青鱼头尾、炸紫酥肉、大葱烧海参、扒广肚、牡丹燕菜、葱扒羊肉、汴京烤鸭、清汤鲍鱼、炸八块。

十大面点：河南蒸饺、开封灌汤包子、双麻火烧、鸡蛋灌饼、韭头菜盒、烫面角、酸浆面条、开花馍、水煎包、萝卜丝饼。

十大风味名吃：烩面、高炉烧饼、羊肉装馍、油旋、胡辣汤、羊肉汤、牛肉汤、博望锅盔、羊双肠、炒凉粉。

五大名汤：酸辣乌鱼蛋汤、肚丝汤、烩三袋、生氽丸子、酸辣木汤。

五大卤味：开封桶子鸡、道口烧鸡、五香牛肉、五香羊蹄、熏肚。

糖醋软熘鱼焙面

糖醋软熘鱼焙面又称熘鱼焙面、鲤鱼焙面，是豫菜的历史名菜。此菜名，首先在鲤鱼，河南得黄河中下游之利，金色鲤鱼，历代珍品。"岂其食鱼、必河之鲤"，此鱼上市，宋代曾有"不惜百金持于归"之语，可见之珍。其二是豫菜的软熘，他以活汁而闻名。所谓活汁，历来两解，一是熘鱼之汁需达到泛出泡花的程度，称作汁要烘活；二是取方言中和、活之谐音，糖、醋、油三物，甜、咸、酸三味要在高温下、在搅拌中充分融和，各物、各味俱在但均不出头，你中有我，我中有你，不见油，不见糖，不见醋，甜中透酸，酸中透咸，鱼肉肥嫩爽口而不腻。鱼肉食完而汁不尽，上火回汁，下入精细的焙面，热汁酥面，口感极妙。

煎扒青鱼头尾

此菜清末民初便享誉中原，素有"奇味"之称。他以大青鱼为主料，取头尾巧施刀工，摆置扒盘两端，鱼肉剁块圆铺在头尾之间。下锅两面煎黄后以冬笋、香菇、葱段为配料，上锅算高汤旺火扒制，中小火收汁。汁浓鱼透、色泽红亮。食时头酥肉嫩，香味醇厚。民国初年，康有为游学汴京，尝此菜后有"味烹侯鲭"之赞，康君知味，意犹未尽，又书扇面"海内存知己 小弟康有为"赠又一村灶头黄润生，成一段文人、名厨相交之佳话。

炸紫酥肉（炸紫酥肉号称赛烤炸紫酥肉）

此菜选用猪硬五花肉，经浸煮、压平、片皮处理，用葱、姜、大茴、紫苏叶及调料腌渍入味后蒸熟，再入油炸四五十分钟。炸时用香醋反复涂抹肉皮，直至呈金红色，皮亦酥脆，切片装碟，以葱白、甜面酱、荷叶夹或薄饼佐食，酥脆香美、肥而不腻，似烤鸭而胜烤鸭。

牡丹燕菜

牡丹燕菜，原名洛阳燕菜。洛阳之外多称素燕菜或假燕菜，也是洛阳水席之头菜。此菜制作十分精细，它以白萝卜切细丝，浸泡、空干、拌上好的绿豆粉芡上笼稍蒸后，入凉水中撕散，麻上盐味。再蒸成颇似燕窝之丝。此时配以蟹柳、海参、火腿、笋丝等物再上笼蒸透，然后以清汤加盐、味精、胡椒粉、香油浇入既成。其味醇、质爽，十分利口。1973年周恩来总理陪加拿大总理食此菜，见洛阳名厨王胡子将蒸制雕刻而成的牡丹花点缀其上，遂戏言道："洛阳牡丹甲天下，菜中生花了。"自此，易名为牡丹燕菜。

扒广肚

广肚在唐代已成贡品，宋代渐入酒肆。千百年来均属珍品之列。此物入菜，七分在发，三分的烹制最佳是扒。豫菜的扒，以算扒独树一帜。数百年来，"扒菜不勾芡，功到自然粘"，成为厨人与食客的共同标准与追求。扒广肚作为传统高档筵席广肚席的头菜，是这一标准的和追求的体现。此菜将质地绵软白亮的广肚片片，余杀后铺在竹扒算上，用上好的奶汤小武火扒制而成。成品柔、嫩、醇、美，汤汁白亮光润，故又名白扒广肚。

汴京烤鸭

汴京（开封）自古有江北水城之誉，故不乏鸭类菜肴。汴京燠鸭，宋时便是市肆名菜。燧者乃是以炉灰煨炙之法熟之，后演变为以果木明火烤炙而成，便以烤鸭取代燧鸭为治鸭之主流之法，北宋后传入北方。汴京烤鸭风行千年而不废，皮酥肉嫩，以荷叶饼、甜面酱、菊花葱、蝴蝶萝卜佐食，以骨架汤、绿豆面条添味，当是一道大餐。

炸八块

响堂报菜，多出妙语。河南酒楼堂倌"一只鸡子剁八瓣，又香又嫩又好看"的唱词便是其一。这八瓣之鸡就是叫响了二百余年的炸八块。此菜是用秋末之小公鸡两腿四块，鸡膀连脯四块，以料酒、精盐、酱油、姜汁腌麻入味后，旺火中油入锅，顿火浆透，升温再炸，使其外脆里嫩。食时佐以椒盐或辣酱油，极其爽口。此菜是鲁迅当年爱吃的四个豫菜之一，作家姚雪垠有"我最喜欢河南的炸八块又香又嫩"的赞语。

葱扒羊肉

羊是祥，历史上是贵族食品。宋代汴京72家正店均以羊肉为主要原料。羊肉性温，老少咸宜。此菜选用熟制后的肥肋条肉，切条，配炸黄的葱段、玉兰片铺至锅算上，添高汤，下作料用中武火扒制，至汁浓后翻入盘内，锅中汤汁勾流水芡，少下花椒油起锅浇汁即成，成菜软香适口，醇厚绵长。

十大面点

河南蒸饺

河南蒸饺是河南馅食名品，各地多有经营，郑州蔡记最为知名。蒸饺之皮主要为烫面制成，猪后腿肉制馅，包成后形似水饺，旺火蒸制，少时即熟。成品皮薄软筋、馅嫩鲜香、灌汤流油、味美可口。

开封灌汤包子

又称开封灌汤小笼包子，宋代便有经营。此包皮薄、馅大、汤满，馅嫩味醇。有"提起像灯笼，放下似菊花"之说。从1922年以后，黄继善经营的开封第一楼成为灌汤小笼包子名店，近二十年来更是享誉四方，是开封餐饮的城市名片。

双麻火烧

双麻火烧是汴京（开封）胡饼店名品，在开封延续经营至今。此饼油面为皮面，酥面为里，合二为一，擀片包圆制饼，两面刷水沾芝麻，先用鏊子焙，再入炉膛烤，成品微黄、酥焦、五香味浓。

鸡蛋灌饼

热水和面，擀片刷油成形，上鏊烙制，似乎很简单，但就在这饼将熟之时，把油饼开口灌入鸡蛋是个关键，要求鸡蛋灌得匀、灌得满，熟后外焦里软，鲜香利口，开封王馍头老店最为拿手。

韭头菜盒

所谓菜盒，是用两张薄饼，包入时鲜韭头为主料的素馅在平底锅上炕制而成的。成品白饼黄花，这黄花是炕制时面皮泛起的气泡破碎而成。火候掌握得好，花匀微黄，入口软筋，透着韭头特有的清香。

烫面角

烫面角和蒸饺相似，皆是用烫面制皮，但用水量不同，烫面的熟度不同、口感不同，烫面角水量大，面皮质软，食来自是一番风味。洛阳新安县猪肉白菜馅的烫面角最为知名。

酸浆面条

酸浆面条是把磨好的绿豆粉浆发酵至酸时加水、见开、下面至熟，再捞出面条，用适量面粉加入粉浆令其浓厚，混合面条即成。此面用花椒油、辣椒油调味，以芹菜、菠菜等为配，口感酸辣，粉浆风味独特，以洛阳浆面条的名声最大。

开花馍

开花馍可以追溯至晋代，当时便有"坼作十字"形的蒸饼市售。今之开花馍是在面团充分发酵后加入适量白糖，饧到一定程度后下剂、成形、蒸制。成熟后，馍顶均匀绽放如花朵，故称开花馍，口感暄甜。

水煎包

河南馅食分类很细，如水煎包和锅贴，基本操作程序大同，都是将面皮包馅，下入平底锅，加水或稀面浆大火煎制，但锅贴要二次下浆，成熟后成片相连，水煎包是将熟时淋入小磨油，翻身再煎便成。最大差别是用面，水煎包是发酵面，锅贴是水调面，水煎包皮更暄软。信阳的水煎包和开封的锅贴都很有名。

萝卜丝饼

萝卜丝饼是用一定量的猪油和制酥面和皮面，包入以萝卜丝为主料的馅心，上下整煎、烤而成，此饼酥香可口，馅心透出浓厚的萝卜清香味，是河南筵席上的常备之点。

十大风味名吃

烩　面

河南面食多有所长，烩面是代表之一，此面汉魏时期亦称汤饼，唐以后名称渐变，宋代汴京食店便有"插肉面、大奥面"的供应，后多称羊肉烩面，取其筋软光滑、汤醇性温。郑州烩面大兴于20世纪80年代，得益于改革开放流动人口大量增加、餐饮业需求大增，先是老字号"合记"的羊肉烩面独领风骚，然后是"萧记"的三鲜烩面异军突起，并快速发展，20年间不但成为郑州市餐饮的城市名片，一碗在手，酣畅淋漓的烩面也成为河南、郑州、开封的另种风情。

高炉烧饼

高炉烧饼亦是胡饼的一种，所谓高炉原是吊炉，又有叫鸡窝炉的，可挑担沿街售卖，后渐固定营业，炉顶之锅亦不再吊。此饼多以发酵面制作，擀片包芯，砍花摊圆，然后单面蘸芝麻贴烤。成熟后外酥里嫩，可单食，但河南民间多视丰俭，或夹食牛羊肉；或夹食油条馓子；或夹食炒凉粉，均是美味。故开封一带常是以盒论烧饼的，百姓走亲戚有时也就是提几盒油馍。

羊肉炕馍

羊肉炕馍是河南馅食中体积最大的，濮阳传统的炕馍每个重五斤，皮二斤半、馅二斤半，直径一尺多。不要说今日，过去也少有能吃下一个的。因此，炕馍多是切卖。羊肉炕馍的馅心多用肉馅、粉皮、葱调配，面皮用三分烫面七分死面。包好后在平底锅内煎炸而成，成品外焦里嫩，肥美可口。

油 旋

河南油旋有用八分烫面二分死面的，也有用温水和面的。所以称作旋是指将面剂或甩或擀成长薄条，摊撒上肉馅、葱花、姜米等作料，然后卷卷、按圆如旋，上平底锅先烙两面见黄，再如炉膛内烘烤而成。此饼外焦酥内鲜嫩香。

胡辣汤

河南各地均有，配料虽异，风格一致。素胡辣汤是清水见开后，涮面筋成穗，用洗面筋的面汁清水勾兑，掌握好浓度，然后下入配料、调料而成。羊肉胡辣汤（开封地区）则要用肉汤调治。但不论何种类，面筋要用好，胡椒要用好，用辣椒出辣味，否则就不是胡辣汤了，也无胡椒暖胃、开胃之效果了。

羊肉汤

羊肉汤河南各地均有，近20年来成为各阶层人士均愿一尝的食品，不但早餐，中餐亦多有人光顾，郑州已有多家以羊肉汤为主要产品的连锁企业。羊肉汤有清汤的和白汤的，有下配料和纯汤的，各有所长。

牛肉汤

牛肉汤有全牛汤和牛骨汤，牛肉性稍凉，无明显的膻腥味，故很受一部分人的欢迎。洛阳、开封都有很好的牛肉汤应市。

博望锅盔

博望锅盔得名于南阳地区方城县博望屯。有始于先秦和始于三国的两种传说。此锅盔面团由四分发面和六分死面和制,用平底锅小火炕烙而成。特点是底、面、心三白,食之酥香甘甜。

羊双肠

羊双肠是将羊的大、小肠精细加工,煮制后食肠、食汤而得名。食来羊肠丰腴柔美,汤又极醇厚,虽仍有腥味,但一入口便觉味道异常之好,是开封小吃中的特殊之物。因宗教信仰关系,回族不食羊下水、所以羊腰、羊外腰、羊血、羊胎盘等也是在羊双肠馆售卖。

炒凉粉

炒凉粉有绿豆芡和红薯芡的,先是要制成粉坨,然后切成长方块在平底锅内煎炒。开封炒凉粉在炒制时要求形整不碎,并用当地西瓜豆瓣酱调味,故有独特的鲜美。

五大名羹(汤)

酸辣乌鱼蛋汤

乌鱼蛋并非蛋,乃是雌性墨鱼的卵腺体,沿海均产,治法亦多。但以清汤和之,是我豫菜独有。20世纪70年代豫菜大师侯瑞轩将其带入钓鱼台国宾馆成为国宴菜。此菜汤要清且醇,小馆子做不了,是因套不出好汤。再则调味要精准,咸鲜中透酸辣,酸辣中透清淡,把握得好,才有鲜美利口,味道适中的效果,此汤可当豫菜第一羹之名。

肚丝汤

肚丝汤又叫酸辣肚丝汤。以猪肚为主料,以胡椒调味出香,是筵席上变化味型、调动食欲的必备之品。

烩三袋

用牛之熟制后的三袋、百叶、花肚切片、切块，用白汤下锅，武火馇制到汤汁浓白即成，上桌时外带芝麻酱、辣椒油、香菜调味，是口感极醇厚之汤菜。

生氽丸子

肥三瘦七精猪肉加调、配料制糊，临锅挤成小红枣大小的丸子下锅，水沸点水调味便成。丸子软嫩、汤极清爽，十分利口。

酸辣木樨汤

木樨即桂花，色黄，此汤中有用鸡蛋炒制成的桂花朵形而得名。酸辣木樨汤味厚重，是筵席上醒酒、开胃之物。

五大卤味

开封桶子鸡

百年名鸡，外脆里嫩，圆而似桶，是河南开封独有，创始字号是"马豫兴"。

道口烧鸡

历史名吃，全国闻名，色、香、味、烂是为四绝，"义兴张"是正宗。

五香牛肉

全省各地俱有。色红、肉烂，透大料之香。

五香羊蹄

开封名小吃，筋柔香烂，广受欢迎，有咸鲜、麻辣两种味型。

熏　肚

卤熟猪肚再用果木枝或松木枝及锯末熏制，脆而柔，透清香，是安阳名产。

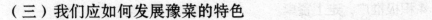

（三）我们应如何发展豫菜的特色

1.观念上的转变

第一，要改变过去厨师间的帮派之分、门第之见，要经常利用各种机会进行多层次、全方位的交流和学习，不断吸取众家之长，为我所用。

第二，要改变过去那种以自我为中心的就业观念。现实社会中已无铁饭碗可言，作为厨师只有努力工作、敬业爱岗、技术高超，才可能保住自己的饭碗。

第三，不要拘限于传统的以师带徒方式，要多用理论知识来结合实际工作，要有创新的意识和进取精神。

2.从业人员的素质有待进一步提高

以前老前辈学厨师大多是因为生活所迫，普遍文化水平较低，学厨艺更多的是凭经验。而随着时代的发展和餐饮业竞争的加剧，对餐饮从业人员的综合素质又有了一个全新的要求，不但要会技术还要懂营养、懂理论。也就是说，要学技术不单要知其然，更要知其所以然。就如烹饪理论学者聂凤乔教授所提出的"厨师要拿起笔杆子"，也就是说要理论与实践相结合，才能称得上称职的新一代厨师。所以，提高从业人员的综合素质是当务之急。

3.应在选料方面突破传统

俗话说"巧媳妇难做无米之炊"。引申到烹饪方面，也就是说没有好的原料、好的调料，再高明的厨师也无法做出色、香、味美的菜点。过去因为交通运输业的原因，各地区、各菜系大多只选用本省或本地区生长或生产的原料、调料来烹制菜肴，这样相对就受到了一定的局限性，豫菜也不例外。而现在随着我国经济的不断发展，交通业和养殖业出现了前所未有的繁荣景象，食品厂家更是大力开发，仅李锦记公司一家就有70多种调料，而且全国各地的特产和食品调料都能在一天内运到内地，这也正好为豫菜的发展提供了绝佳的发展空间，所以今后厨师要在选料方面突破传统、大胆使用，创制出更多，更好的新派豫菜。

4.积极推广，走上餐桌

作为豫菜厨师，所研制开发的新豫菜应积极地做好推广和宣传工作，要经常利用报纸、杂志或电视、网站等媒体向广大食客介绍其特点和口味，要将研制的新豫菜推上餐桌，让更多的人亲口品尝到豫菜风味的美味佳肴，不要只停留在听的阶段。

另外，作为餐饮企业更应该打破"酒好不怕巷子深"的传统思想。因为现代餐饮业的竞争已是多方位、深层次的竞争，所开发的新豫菜或新举措要在第一时间推荐给广大食客，或利用媒体来引导消费，只有这样，企业才会更好地发展，豫菜才会真正走上餐桌，服务大众。

（四）课题研究后的设想

提起河南，让人最先想起的就是少林功夫和豫剧，显然，以打造旅游大省和文化强省为目标的河南，缺失了豫菜这张"名片"。

豫菜，一个古老的菜系，曾被烹饪界认为是中国各大菜系的渊源。它曾经有过辉煌的历史，北宋时就被誉为"官菜"。然而，时代变迁，随着川菜、粤菜、杭帮菜和湘菜等各地菜系挺进中原，豫菜的光芒逐渐减弱。街上的豫菜馆子少了，甚至河南人连哪些菜是豫菜都说不上来。豫菜，何时能成为河南的一张"名片"呢？

令人欣慰的是，河南省政府越来越重视豫菜，此外，一些肩扛豫菜复兴大旗的饭店也坚持行走在振兴豫菜的道路上。

（五）我们的几点建议

首先，从政府层面来说，应将"政绩诉求"上升为政治诉求，从建立可持续发展的和谐社会的高度来看待非物质遗产保护工作，认识到非物质遗产保护与我国的国家文化安全和民族认同息息相关。各级地方政府都应该在联合国《保护非物质文化遗产公约》和国务院《关于加强我国非物质文化遗产保护工作的意见》这两个文件的基本框架内，架构自己的具体的非物质遗产保护思路。而不是从本地区、本单位乃至个人的短期行为和政绩需求出发，来考虑非物质遗产保护问题。为此，各级立法机关必须加强和加快非物质遗产保护的立法工作，明确职责和分工，确定具体的保护体制和法规，将保护非物质文化遗产列入政绩考核中。

更为很重要的是，各级政府应该认识到文化问题的特殊性。目前有不少省份提出打造"文化大省"的口号。动机也许不错，但方法却大可商榷。因为文化从来就不是打造出来的，而是一个自然生长的活态过程。文化是一棵树，不是一架机器，需要的是细心的照料和精心的呵护。非物质文化遗产是独一无二、不可再生的文化资源，一旦消亡或流失，就永远无法恢复或再生。应当认识到，民间的非物质文化遗产虽然很丰富，但也很脆弱，在经济全球化的冲击下，大多处在濒危状态中，政府目前要做的工作是借助这次申报非物质文化遗产的东风，动员社会力量参与到对非物质遗产保护的修复上来，精心呵护民间的非物质文化遗产，保护和鼓励民间自发地培育和发展出多层次、多样化的文化生态环境。对于同一非物质文化遗产项目的多重申报主体，政府应耐心听取专家论证，理清不同申报主体之间的利益诉求，协调好相互之间的关系。

其次，从学者这个层面来说，应将理性的学术化的诉求转化为具体的感性的调查研究，切实做好对民间非物质遗产保护项目的普查工作。非物质遗产保护工作者一方面要抛弃一切学理上的先入之见，放下架子，深入民间，尊重民间的风俗和做法，尊重民间的首创精神，不能采取拔苗助长或移花接木的方法，用科学主义和理性主义的方法强行将民间的思路与做法纳入自己的学术框架。另一方面，又要因势利导，将民间的素朴的文化诉求逐渐上升到文化自觉的高度，让民众充分认识到本土的民间智慧和地方性知识，在全球化时代所具有的价值和文化意义。

总之，无论是政府还是学界都应清楚认识到，非物质遗产保护的真正主体和主人是民间，是大众，政府和学者都是为大众服务的。政府应做和能做的工作是给民间提供一个宽松的环境和一定政策与财政上的扶持，而不是以是否有利可图为标准，强行将非物质文化遗产占为己有，作为自己政绩工程的一部分。学者应做和能做的工作是深入民间进行客观的调查，而不是带着科学主义和理性主义的成见或偏见，改造甚至扭曲非物质文化遗产为己所用。从根本上来说，政府和学者的目标是一致的，即从加强民族凝聚力和重构民族精神的大局出发，调动民间参与文化自我建设、自我修复的积极性，建立起一个丰富多样的、和谐发展的、良性互动的文化生态环境，从而为实现中华民族伟大的文化复兴，为保护全人类的文化多样性做出应有的贡献。

后　记

研究性学习是我们高中开设的一门课程，这门课要求我们以小组的形式结合在一起，选择我们感兴趣的课题一起研究，不断地发现和解决问题。从高一到现在研究型学习从当初的副课升级到了可以与语数英相媲美的一门课程，我们也从当年的在研究型学习课上无所事事到现在把它当作一个展示自我的舞台，研究型学习活动不但开拓了我们的视野，锻炼了我们独立思考的能力，同时也丰富了我们的课余时间，让我们有了到社会上锻炼自己的机会。

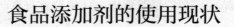

食品添加剂的使用现状

班级：高一（5）班　组长：黄晶晶

成员：朱琳　梁嘉艺　张娟

指导老师：张红勋

完成时间：2011年6月10日

一、引　言

（一）课题研究背景

近年来，"食品安全事件"层出不穷，使得我们对食品添加剂有了或多或少的认识：三鹿奶粉中的三聚氰胺、面粉中的增白剂、大米里中掺的石蜡……这些食品安全隐患使得我们现在想到添加剂就不寒而栗，其实"剂"本身没有那么可怕。现代食品工业的蓬勃发展带动了食品添加剂的发展，目前，已经在我们的生活中无处不在了，食品添加剂在食品中的应用在给工业食品做出巨大贡献的同时，一些食品安全事故就相伴发生了。现代的食品工业为了满足消费者的多种口味的需求离不开食品添加剂，但是食品添加剂的"双刃剑"的性质，使我们要清楚地知道，它在满足我们的食欲的同时自身存在的安全问题会对我们的身心造成较大的伤害。

（二）课题研究意义与目的

当今社会，食品安全问题牵动着国人的视线，使得我们对食品添加剂有了新的认识。这些形形色色的食品添加剂在不断丰富我们"口福"的同时，对人体也有着不同程度的影响。那么，这些"影响"对人体能造成的危害有多大，我们已经从电视、网络等不同途径，或多或少有了了解。针对这一社会现象，我们小组就食品添加剂的使用现状进行研究。目的是让人们对食品添加剂有新的认识。知道食品添加剂的种类，了解食品添加剂的利与弊，以及我国、我省对食品添加剂的整改措施，让消费者对食品添加剂有进一步的了解。

（三）课题研究内容

1. 了解食品添加剂的使用概况
2. 了解食品添加剂的利与弊
3. 食品添加剂导致食品安全问题的原因
4. 了解食品添加剂与食品工业的联系
5. 我国食品行业对食品添加剂的改善措施
6. 河南省对食品添加剂的整改措施

（四）课题研究方法

1. 搜集资料
2. 访问导师
3. 访问专业人士

二、正　文

（一）食品添加剂的使用概况

1.生活中"食品添加剂"有2000多种

我国商品分类中的食品添加剂种类共有35类，包括增味剂、消泡剂、膨松剂、着色剂、防腐剂等。如生产面包使用碘酸钾等面团改良剂，生产饼干加入膨松剂亚硫酸或焦亚硫酸钠，方便面中添加防腐剂和抗氧化剂，肉制品生产中的发色剂亚硝酸盐，食用油中添加抗氧化剂等等。

很多情况下，没有食品添加剂会让食品更不安全。如果把防腐剂取消，还有多少东西可以在货架上保存？方便面保存不了两天就会变质，果冻就没法吃了。

但目前在中国，添加剂被滥用的现象极其严重。4月23日，国务院食品安全委员会办公室公布已发现的151种食品和饲料中非法添加物质名单，其中包括47种可能在食物中"违法添加的非食用物质"、22种"易滥用食品添加剂"。

现在社会上许多不法商贩因追求商业利益，甚至有某些企业非法使用非食用化学添加剂，2008年"三聚氰胺"事件就是明证。

2."合法"和"非法"添加剂，滥用伤害大

目前，国内外均允许使用食品添加剂，但已纳入国家标准的食品添加剂如果过量使用，也会对人造成不可逆转的伤害。以最常见的添加剂亚硝酸铵为例，亚硝酸铵是经常用于肉制品生产的添加剂，如果超量使用，进入人体后，可能引起致癌等后果。

食品添加剂是人类历史上从未遇到过的"新异物"，对人体是否有害，需要数年、数十年甚至几代人的长期跟踪观察，尤其是多种添加剂在人体内的作用，更需大量深入研究和进行毒性试验。大量研究表明，当前许多不明原因的现代病都与化学食品添加剂有关。

以美国为例，一种食品添加剂在被批准使用后，隔若干年后，其安全性会被重新评价和公布。假如在1947年和1977年间经常吃美国牛肉，就会接触到高水平的性激素——二乙基固醇，它作为饲料添加剂在美国应用的历史长达30年。几十年以后，二乙基固醇已经被证实确有致癌性，美国食品药品管理局因此明确禁用该物质。

比过量使用合法食品添加剂更有害的是，目前在食品中使用的一些添加剂，并没有经过安全性评价，仅是实验室研究出的"毒理不明"的化学产品。以盐酸克伦特罗为代表的"瘦肉"实为"害人精"。

（二）食品添加剂的利与弊

1.使用食品添加剂的利

在食品生产中，添加剂是不可缺少的重要一环，每家每户中的酱油、味

精、食盐等，其实都属于食品添加剂的范畴。就以一些人常挂在嘴边的防腐剂山梨酸及山梨酸钾来讲，它们能有效地抑制微生物的生长繁殖，防止食物腐败变质，延长保质期。山梨酸属于不饱和脂肪酸，可以参与人体的正常代谢，分解为二氧化碳和水，适量使用对人体是无害的。但如果真是"不含防腐剂"，就无法保证食物在保存过程中不变质，而食物的腐败变质对人体的危害才是应值得注意的；又以食物中的抗氧化剂为例，它能够有效地阻止或延缓食品的氧化，特别是含油脂较多的食品容易在贮存过程中被空气氧化，而引起酸败、变质、变色等反应，对人体有害；而疏松剂可以使糕点、饼干等焙烤食品变得酥脆可口；等等。

2.使用食品添加剂的弊

食品添加剂也不是完全无毒无害，要把握慎用、少用的原则，避免因滥用食品添加剂危害健康。重大食品安全事件屡屡发生，暴露出我国食品安全方面还存在法律体系不健全、监督管理体制不顺、安全标准落后以及检测技术手段落后等一系列问题。

（三）食品添加剂导致食品安全问题的原因

1.我国多项食品检测标准"超期服役"

目前，擅自扩大食品添加剂的使用范围，过量使用食品添加剂，违法添加非食用物质或本身质量有问题的食品添加剂等，是目前食品添加剂的三大主要问题。

对此，中国政法大学教授吴景明分析认为：法律法规滞后，现有法律法规不能涵盖整条食品链；部门职责不清，现行食品安全监管体制采取分段管理模式，涉及农业、卫生、质检、工商等10多个部门；检测标准滞后不全，国外技术标准的修改周期一般是3~5年，我国有多项属于"服役"超过10年，这是造成食品添加剂顽疾未除的一个重要原因。

2.非食品添加剂被一些企业违法使用

非食品添加剂一般属于工业使用的添加剂，是国家卫生局所明令禁止使用于食品行业的添加剂，因为这类添加剂已经被证实对人体的危害具有很大的作用，但是由于其低价或者是可以更好地改变食品的某一性能，就被一些企业非法使用并流通到市场，使消费者食用后中毒或者导致死亡。2010年8月以来，惠氏、雅培、多美滋、雀巢等洋品牌奶粉被查出奶粉中含有香兰素、乙基香兰素等违禁添加剂。卫生部《食品用香料、香精使用原则》明确把纯乳、原味发酵乳等20种食品列为禁加食用香料香精范围，可是洋品牌集体违规让消费者再一次无所适从。

3.超范围、超限量使用食品添加剂

国家标准《食品添加剂使用卫生标准》中有各种食品添加剂使用的种类和范围，超出这些范围和品种就是不合格的产品，常见的比如：甜蜜素、糖精钠等在膨化食品中或着甜点中经常使用，给人们的健康带来了威胁。超量使用食品添加剂同样是违法的，经常见到的比如防腐剂的使用，虽然延长了食品的保质期，降低了企业的成本，但是这样超限量使用却是违法的行为。

4.用伪劣添加剂

如果说合格优质的食品添加剂在一定的时间内对改善食品的某些功能具有一定的积极意义，对消费者的健康也不会造成威胁，但是劣质的或是过了保质期的食品添加剂含有的汞、铅、砷等有害的物质，对产品的质量和消费者的健康都有着严重的危害。

（四）食品添加剂与食品工业的关系

现代食品工业的蓬勃发展带动了食品添加剂的发展，目前，已经在我们的生活中无处不在了，食品添加剂在食品中的应用在给工业食品做出巨大贡献的同时，一些食品安全事故相伴就发生了。

1.食品添加剂延长了食品的保藏。食品添加剂中的防腐剂防止了由于微生物的肆意蔓延引起的食物变质，大大延长了食品的保质期。抗氧化剂又可以推迟食品氧化变质，使得食品的稳定性和耐藏性大大得到提高。

2.食品添加剂改善了食品的色香味。有些食品在加工的过程中会有色、味的改变，这就需要一些添加剂来辅助，比如：着色剂、漂白剂、香料等，这样

改变了食品的风味和质地，满足了消费者的多种多样的需求。

总之，食品添加剂的使用给人们的生活带来了极大的方便，方便加工操作的同时也提高了食品营养价值。

（五）我国食品行业对食品添加剂的改善措施

整个食品添加剂行业虽然存在着问题，但是这些问题有的无法避免，但是有的却是人为造成的。针对这种现状，我国食品行业对制品添加剂制定了相关整改措施。

1.发布权威食品安全信息，发挥政府主导作用

为了保证食品添加剂的食品安全，就要加强添加剂的管理措施，首先政府应该高度重视食品添加剂的管理。关于食品的卫生安全法、管理办法、规范等条例等内容要做到统一规范，食品生产经营单位完善其食品添加剂的管理模式，做到生产、使用、管理科学规范。

2.发挥各方资源优势，建立食品安全营养评价体系

医学院校对于食品卫生、食品营养等都有研究，而轻工业院校注重食品的加工工艺和食品设备制造等方面的知识，二者应该注重交际，如果可以联办食品卫生专业，那培养的食品专业的人才将是更加全面的。

食品添加剂自推广以来，许多食品安全事故发生，使大众的神经一直绷得很紧，这与食品的生产企业有着直接的关系，企业只有足够自律，我国的食品添加剂行业才可以走上健康的轨道。

3.《食品安全法》在2009年开始实施，这是我国第一次从法律的角度对食品添加剂的生产环节的监管做出明确的规定：由国家质检总局负责

2010年，《食品添加剂生产监督管理规定》立法听证会在北京召开，"规定"要求，拟生产复合食品添加剂的企业，应当补充提交卫生行政部门制定的复合食品添加剂名称、组分及各组分含量的有关资料。

三、国内食品添加剂管理情况

目前，国内允许使用食品添加剂，建立了食品添加剂监督管理和安全性评价法规制度，规范食品添加剂的生产经营和使用管理。我国与国际食品法典委员会和其他发达国家的管理措施基本一致，有一套完善的食品添加剂监督管理和安全性评价制度。列入我国国家标准的食品添加剂，均进行了安全性评价，并经过食品安全国家标准审评委员会食品添加剂分委会严格审查，公开向社会及各有关部门征求意见，确保其技术必要性和安全性。

四、关于食品添加剂监管职责分工

根据《食品安全法》及其实施条例的规定和部门职责分工，卫生部负责食品添加剂的安全性评价和制定食品安全国家标准；质检总局负责食品添加剂生产和食品生产企业使用食品添加剂监管；工商部门负责依法加强流通环节食品添加剂质量监管；食品药品监管局负责餐饮服务环节使用食品添加剂监管；农业部门负责农产品生产环节监管工作；商务部门负责生猪屠宰监管工作；工信部门负责食品添加剂行业管理、制定产业政策和指导生产企业诚信体系建设。各部门监管职责明确。

五、食品添加剂生产经营的主要监管制度

为贯彻落实《食品安全法》及其实施条例，加强食品添加剂的监管，按照《关于加强食品添加剂监督管理工作的通知》（卫监督发〔2009〕89号）和《关于切实加强食品调味料和食品添加剂监督管理的紧急通知》（卫监督发〔2011〕5号）的要求，各部门积极完善食品添加剂相关监管制度。

在安全性评价和标准方面，制定了《食品添加剂新品种管理办法》《食品添加剂新品种申报与受理规定》《食品添加剂使用卫生标准》（GB 2760）。

在生产环节，制定了《食品添加剂生产监督管理规定》《食品添加剂生产

许可审查通则》。

在流通环节，制定了《关于进一步加强整顿流通环节违法添加非食用物质和滥用食品添加剂工作的通知》和《关于对流通环节食品用香精经营者进行市场检查的紧急通知》。

在餐饮服务环节，出台了《餐饮服务食品安全监督管理办法》《餐饮服务食品安全监督抽检规范》和《餐饮服务食品安全责任人约谈制度》，严格规范餐饮服务环节食品添加剂使用行为。

抛物线打气球的设计研究
——"多米诺骨牌"科技活动接龙之一

班级：高二二　组长：毛航宇

组员：马超　胡海　李腾龙　王林青　贺启超

指导老师：张红勋

完成时间：2011年6月10日

本学期的研究性学习，我们班的主题是"利用所学的学科知识，设计装置。每一个小组制作的装置演示结束后，自动触动下一个装置，最终使整个班级的所有设计连接、组合在一起，形成一个类似多米诺骨牌效应的科技接龙活动"。

我们小组紧扣主题，对我们这一环节的项目进行设计，研究内容是《抛物线打气球项目设计》，这个课题结合了物理、数学、能量学等方面的知识，能充分与我们高中所学的知识整合，是一项极具意义的项目。

首先，我们先来了解什么是抛物线。

一、知识背景

（一）数学知识

1.抛物线

抛物线是指平面内到一个定点和一条定直线距离相等的点的轨迹。他有许多表示方法，比如参数表示法、标准方程表示法等等。它在几何光学和力学中有重要的用处。

2.抛物线的特点及图像

抛物线也是圆锥曲线的一种，即圆锥面与平行于某条母线的平面相截而得的曲线。抛物线在合适的坐标变换下，也可看成二次函数图像。

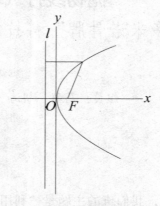

直面直角坐标系中抛物线函数图像

了解了抛物线在数学方面的定义后，我们来了解一下其在物理方面的定义。

（二）物理知识

根据高一所学习的物理必修课本我们初步了解到平抛运动的轨迹大致为一条圆滑的抛物线。我们的这个模型主要就是应用了平抛运动的特点来实现的。所以在介绍我们的模型之前我们很有必要去深入了解一下平抛运动。

1.平抛运动

物体以一定的初速度沿水平方向抛出，如果物体仅受重力作用，这样的运动叫作平抛运动。

2.平抛运动的特点及图像

平抛运动可看作水平方向的匀速直线运动以及竖直方向的自由落体运动的合运动。平抛运动的物体由于所受的合外力为恒力，所以平抛运动是匀变速曲线运动，平抛物体的运动轨迹为一抛物线。

平抛运动是曲线运动，平抛运动的时间仅与抛出点的竖直高度有关；物体落地的水平位移与时间（竖直高度）及水平初速度有关

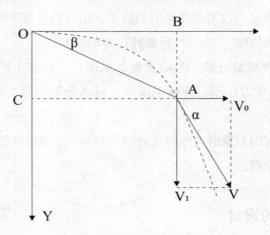

平抛运动分析图

3.平抛运动的分解

平抛运动实际上是以下两个运动的合运动：

（1）在水平方向上不受外力，所以做匀速直线运动，其速度为平抛运动的初速度。

（2）在竖直方向上，物体只受重力作用，所以做自由落体运动。

这两个分运动各自独立，又是同时进行，具有分运动的独立性和等时性。

这就是平抛运动的具体分析与定义。

在具有这些知识储备后我们正式进入对我们组设计的模型的讲解。

三、实验器材

细线、弹弓（或橡皮筋）小球、装水的气球、卫生纸、轨道。

四、工作原理

1. 利用弹弓射出一枚用细线牵引的锥子，细线的长是事先计算好的，正好可以触及装满水的气球。（将弹性势能转化为动能）

2. 装满水的气球被扎破，里面大量的水溢出，将被小球所压的卫生纸湿透。此时小球因重力作用，穿破卫生纸，进入钢制轨道（假设轨道无摩擦）（运用纸的张力）。

3. 小球开始在钢制轨道内做加速运动，为下一步储存动能。这就是我们组模型大致的工作原理。

五、我们的设计

通过小组的共同努力及老师的指导，结合我们所学的物理知识和数学知识，我们对该项目首先进行了设计，并进一步制作了该装置，我们的设计图示如下：

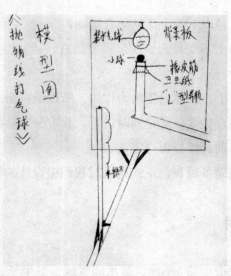

抛物线打气球模型手绘图

六、我们的制作过程

在紧张学习之余，我们小组成员共同筹集活动经费，购买了实验设计所需的材料，开始组装和调试，尽管开始的设想是很好的，但是进入到真正的实验阶段却是艰难的。面对一次次的失败，我们没有放弃。

最终制作成了我们的装置，所拍图片如下：

抛物线打气球装置操作演示

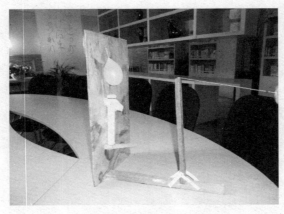

抛物线打气球实拍图

七、研究体会与感受

当这个项目最初被提出的时候，我们都不是很明白，但凡事都有个开始，经过一番讨论后，局面逐渐明朗起来。我们的这个研究成果是一个连锁反应，有一点多米诺骨牌效应的意思。过程中的媒介是一个小球，是它带动能量传递，同时也带动我们团队的心。每一次尝试都是一次新的突破，也是一项新的挑战。这个活动就像一个到熔炉，汇聚了我们各异的思想，吹出一股交流合作的和谐风。

在这次活动中，我们不仅复习并巩固了所学，而且还更好地把它们与实际生活联系起来，做到了学为所用。